2019年重庆市社科规划特别委托重大项目
重庆市北碚区、西南大学校地合作重大项目
重庆市北碚区重大文化精品工程

北碚文化丛书

名人北碚

李永东 ◎ 主 编

西南大学出版社
国家一级出版社 全国百佳图书出版单位

图书在版编目(CIP)数据

名人北碚 / 李永东主编. -- 重庆：西南大学出版社, 2024.1
(北碚文化丛书)
ISBN 978-7-5697-2140-9

Ⅰ.①名… Ⅱ.①李… Ⅲ.①名人-生平事迹-北碚区 Ⅳ.①K820.871.93

中国国家版本馆CIP数据核字(2024)第006792号

名人北碚
MINGREN BEIBEI

主　编　李永东

选题策划｜蒋登科　秦　俭　张　昊
责任编辑｜秦　俭
责任校对｜曹园妹
装帧设计｜闰江文化
排　　版｜夏　洁
出版发行｜西南大学出版社(原西南师范大学出版社)
　　　　　地址:重庆市北碚区天生路2号
　　　　　邮编:400715
　　　　　电话:023-68868624
印　　刷｜重庆升光电力印务有限公司
成品尺寸｜145 mm×210 mm
印　　张｜8.5
字　　数｜176千字
版　　次｜2024年1月 第1版
印　　次｜2024年1月 第2次印刷
书　　号｜ISBN 978-7-5697-2140-9
定　　价｜58.00元(平装)

"北碚文化丛书"编委会成员

（以姓氏笔画为序）

顾　　问

卢晓钟　吕　进　杨清明　周　勇　黄蓉生　曹廷华

主任委员

刘　永　江绪容　杨　辉　潘　洵

委　　员

王牧华　张汝国　陈福厚　周洪玲　徐玲

本书编委会

主　编：李永东

副主编：高　强　张惠娟　张　伟

编　委：李永东　高　强　张惠娟

　　　　张　伟　肖玉勤

总序

周 勇[①]

习近平总书记在新时代文化建设方面提出了一系列新思想、新观点、新论断,丰富和发展了马克思主义文化理论,构成了习近平新时代中国特色社会主义思想的文化篇,形成了习近平文化思想。习近平总书记还多次对传承和弘扬重庆历史文化作出重要论述,提出明确要求,寄予殷切期望。

重庆是一座具有悠久历史、灿烂文化、优秀人文精神和光荣革命传统,人文荟萃、底蕴厚重的历史文化名城。在江峡相拥的山水之间,大山的脉动与大江的潮涌相互激荡,自然的壮美与创造的瑰丽交相辉映,城镇的繁华与乡村的宁静相得益彰,展现出江山之城的恢宏气势,绽放出美美与共的璀璨风采。

在3000多年的发展史上,重庆出现过多层次、多领域、多形态的文化现象,其中居于主体地位的是巴渝文化、革命

[①] 周勇,中国抗日战争史学会副会长、中国城市史研究会副会长、重庆史研究会会长、教授、博士生导师。

文化、三峡文化、抗战文化、统战文化、移民文化。它们是居于重庆历史和文化顶层,最具代表性和符号意义的文化元素,由此构成了独具特色的重庆历史文化体系。其中,巴渝文化、革命文化彼此相连,贯通始终,传承演化,共同构成今日重庆历史文化体系的学理基石,也是形成今日重庆人文精神以及重庆人、重庆城性格特征的文化基因。三峡文化、移民文化、抗战文化、统战文化,是在不同历史时期和历史环境中,重庆大地上产生的特色文化。在漫漫历史长河的不同阶段中,发挥着独特的作用,至今仍是重庆历史文化中极具特色的因素,发挥着核心竞争力的作用。

北碚,地处缙云山麓、嘉陵江畔,是一个产生过凤凰涅槃般传奇的地方。

100多年前,北碚还只是一个山川美丽,但匪患肆虐的小乡场。到80多年前的全面抗战时期,北碚发展成为一座享誉中国的美丽小城。新中国成立后,北碚发生了翻天覆地的变化。如今的北碚,已经是重庆主城都市区的中心城区。北碚的百年发展史展现出极具时代特征的突变性、内涵式发展的特质。北碚素来生态环境优良、人民安居乐业,科学教育发达、创新活力迸发,产业发展兴盛、工业基础雄厚,尤以历史渊源悠久、文化底蕴深厚而著称。这在重庆历史文化体系中具有综合性、典型性、代表性。

近年来,在中共重庆市委的领导下,全市上下认真落实党中央部署要求,加快推进文化强市建设,开创了文化繁荣发展新局面。面对新时代、新征程的新使命和新要求,市委作出了奋力谱写新时代文化强市建设新篇章、为现代化新重庆建设注入强大精神力量的重大部署;特别强调"要大力传承弘扬中华优秀传统文化,深化历史文化研究,加强文化遗产保护,抓好优秀传统文化传承,推动巴渝文化、三峡文化、抗战文化、革命文化、统战文化、移民文化等创造性转化、创新性发展"。

在建设重庆文化强市的赛马比拼中,北碚人用满满的文化自觉与文化自信,以历史的眼光重新审视北碚,以文化的视野宏观鸟瞰北碚,以艺术的手段通俗表现北碚,从史话、名人、抗战、乡建、教育、科技、诗文、书画、民俗、景观十个方面,全面而系统地梳理了北碚的文化和历史,构成了图文并茂、鲜活生动的北碚文化长卷。这部十卷本的"北碚文化丛书",就是北碚人书写北碚传奇的代表作,更是向时代和人民交出的一份厚重的文化答卷。

"北碚文化丛书"具有广泛的包容性。它涵盖了历史沿革、文化遗产、民俗风情、民间艺术、人文景观、贤达名流、文学艺术、教育科技等方方面面,既有地域文化的基本要素,更彰显了北碚在抗战、乡建、教育、科技等方面在中国近代历史上的突出特色。

"北碚文化丛书"以学术研究为依托,史料基础可靠,学术名家参与,表达通俗易懂,集系统性、知识性、可读性于一体,有存史资政的收藏价值和指导旅游观光的实用价值。

"北碚文化丛书"是校地合作的有益尝试,既是对北碚地方文化的一次学术性清理,在史料整理、学术研究方面展现出全面、系统的特征，也为基层地域科学地挖掘整理在地文化积累了可资借鉴的经验。

　　这些年来，我着力于重庆历史文化体系的研究，组织编撰了十二卷本的"重庆人文丛书"，力图勾画出"长嘉汇"源远流长，"三峡魂"雄阔壮美，"武陵风"绚丽多彩，人文荟萃、底蕴厚重的重庆历史文化名城的文化新形象。这套十卷本的"北碚文化丛书"，是继"重庆人文丛书"之后，重庆市域内出版的第一部区县文化丛书。我相信，这部饱含着浓浓乡情，充满了城市记忆，洋溢着北碚味道的文字和画面的丛书，将使北碚的历史文化得以活在当下，让北碚的历史文脉传承延续，绵绵不绝。

　　同时我也希望各区县都能像北碚这样虔诚地敬畏自己的历史文化，努力地整理自己的历史文化，用煌煌的巨著来传承自己的历史文化，尤其是从市委提出的重庆文化新体系中找准自己的文化新定位，让生动鲜活、丰富多彩、千姿百态的区域文化，共同汇聚成彰显重庆文化新体系的百花园，建设具有中国气象，巴渝特色，万紫千红的山清水秀、美丽之地。

　　是为丛书总序。

目录
CONTENTS

总序 ……001

冯时行……001

江朝宗……006

陈介白……011

张之江……015

钱崇澍……019

熊十力……023

张从吾……027

晏阳初……031

太虚法师……036

竺可桢……041

张自忠……046

陶行知……050

张博和……056

陈望道……060

郭沫若……065

卢作孚……071

梁漱溟……077

孙越崎……081

吴宓……085

林语堂……089

杨钟健……093

翦伯赞……097

王家楫……100

老舍……104

唐瑞五……109

周之廉……113

胡风……117

顾毓琇……121

邓子琴……126

姜惠周……130

尹赞勋……133

梁实秋……137

孙寒冰……143

黄汲清……148

段虚谷……153

卢子英……156

焦菊隐……161

侯光炯……164

施白南……168

张宗禹……172

曹禺……175

端木蕻良……179

梁白云……183

刘一层……187

查济民……191

方敬……195

蒋可然……199

苏葆桢……202

李际科……207

许建业……211

马珍……214

王朴……219

荀运昌……223

邹绛……227

路翎……232

秦效侃……236

袁隆平……241

徐无闻……245

傅天琳……249

后记……254

冯时行

　　冯时行(1100—1163),字当可,号缙云,北宋元符三年(1100)出生于恭州巴县乐碛(今重庆市渝北区乐碛镇),人称缙云子、缙云先生,曾在北碚缙云山求学,晚年又长期在北碚缙云山结庐授课。著有《缙云文集》四十三卷,《易论》二卷。他"不畏强权守清风,万世流芳爱黎民",被后人尊称为"巴渝第一状元"。

北碚缙云山八角井旁的冯时行塑像

　　冯时行天性聪敏,从小喜欢读书,又常常帮父母做农活,深得左邻右舍的喜爱。青少年时代,冯时行来到缙云山求学,在这里潜心读书。相传,他时常手持书卷,漫步在佛寺前的石板桥上,迎着初升的朝阳,洛诵晨课。日复一日、年复一年,时间久了,这座隐于深山古寺前默默无闻的小石桥,就有了一个诗意的名字——洛阳桥。他还经常到古寺旁的八角井边温习功课,清洗笔砚,于是后人将此井称为"洗墨池"或"状元井"。

八角井

在缙云山读书期间,冯时行写下了《缙云寺》一诗,诗云:"借问禅林景若何?半天楼殿冠嵯峨。莫言暑气此中少,自是清风高处多。岌岌九峰晴有雾,弥弥一水远无波。我来游览便归去,不必吟成证道歌。"

宣和六年(1124),冯时行考取进士,先后担任奉节县尉、江原县丞、丹棱知县等职。冯时行狷介正直、大公无私、仁厚忠诚,但这些高贵的品质在风雨飘摇、奸臣当道的两宋之交非但无人赏识,还给冯时行带去了诸多灾祸,以至于冯时行虽然忠君爱民且在官位上尽职尽责,然而却几起几落,仕途极为蹭蹬。

绍兴八年(1138),时任奉礼郎(安排礼仪规则,为皇帝大臣排座位,管理各种祭祀行为秩序的人)的冯时行被宋高宗赵构召去问话。当时金兵已经攻占北宋都城汴梁(今开封)十余载,抗金将领岳飞率领军民与金兵浴血奋战。但以宋高宗赵构和秦桧为首的投降派,却反对抗金,主张议和。冯时行对于这样的卖国行径十分痛恨,他冒死进谏宋高宗,详尽分析了当时的军事形势,说明金人议和不可信,甚至引用了汉高祖分羹的典故作为比喻,但是,他的建议非但未被采纳,反惹得宋高宗不快,宋高宗说冯时行的杯羹之语"朕不忍闻",然后皱眉离去。不久,冯时行就被秦桧逐出京城,贬谪到万州担任知府。即便直言被贬,冯时行依然不改一腔正气。在万州知府任上时,转运判官李炯听说万州有存款,便想夺来献给朝廷,以巩固自己在朝中的地位,无论李炯如何威胁,冯时行都不屈服,绝不交出万州的存款。

冯时行为官恪尽职守、不徇私情,深受百姓爱戴,但也得罪了不少达官显贵,终至于遭人诬陷,被罢官削职,贬为庶民。冯时行被革职后不久,即于绍兴十四年(1144)初,重返缙云山,过着茅棚竹舍、著诗作文、与笔墨相伴的清苦生活。他在缙云山麓办学堂,把希望寄托于子孙后代。在著书立说,兴办学堂之余,冯时行仍不忘国事,从他写下的诗文中可窥一斑。如:

村 居

飞蛾故故扑灯光,风雨萧萧打纸窗。
人为官方搔白首,虎来村落渡清江。
猿啼冷日谁家梦,故国愁牵几曲肠。
篱菊何曾忧战伐,夜添寒蕊趁重阳。

冬至有感

萧辰俯仰及严冬,白发空云是至公。
造雪不成天本恕,唤梅未醒句无功。
可能人事无消长,只待天时有变通。
节物相关愁似醉,一庭霜叶一窗风。

这些诗文无不抒发着冯时行忧国忧民之情和报国无门之痛,那份执着的爱国热忱像一团不灭的火在他的身体里一直燃烧。后人评述曰:"今读其诗文,忠义之气隐然可见。"

绍兴二十八年(1158)春,秦桧死后两年余,冯时行重被起用为蓬州(今四川蓬安)知州,之后又几经升贬。但不论是升是贬,是享荣还是遭辱,冯时行一直保持着忠君爱国、仁厚爱民、正直不阿的品质。孝宗隆兴元年(1163),冯时行逝世于雅州(今四川雅安)任上,时年63岁。死后被追封为"古城侯",初葬雅州古城,后移葬巴县鱼嘴沱(今重庆江北区鱼嘴镇)。

可以说,冯时行的一生高度体现了一个儒生、一个忠臣修身、齐家、治国、平天下的人生抱负和责任担当。冯时行饱读诗书,胸怀天下,虽身处内外交困的两宋交替之际,却不与奸臣为伍,力主抗金;一生甘守清风,赤诚为民,虽几起几落,仍不坠忠君爱国爱民之志。他是北碚人取之不尽的正能量精神源头,他的事迹滋养出北碚人的崇文之风、正直之气和爱国之志!

而今,北碚有地名状元碑,有楼盘状元府第,有学校状元小学、时行小学,有公交和轻轨状元碑站,有冯时行路,所有这些都是为纪念"巴渝第一状元"冯时行而设。

江朝宗

江朝宗(1425—1503),字东之,号乐轩,重庆府巴县新市镇(今重庆市璧山区八塘镇)人。他曾因父亲离世,回乡求学于北碚缙云山。明景泰二年(1451)经廷试中进士,选为翰林院庶吉士,授检讨一职,参与撰修《大明一统志》《英庙实录》,被誉为"良史之才"。明成化十五年(1479),因"牟俸案"受到牵连,被贬谪为广东市舶司提举。他在任职期间,清廉耿介,深受百姓爱戴。后因疾病体弱,以侍读学士衔回乡休养。回乡后,帮助家乡赈济灾荒,深受乡人敬重。

江朝宗从小天赋极高,刚满7岁时,就随父亲游历京城,交游名人贤士,追随名师读《春秋》。他学问精深,贯通经史,正值少年气盛,本想留在京城参加科举考试,博取功名,一展经邦济世之才。不料父亲病逝,他只得返籍守孝。在这期间,江朝宗常到缙云山读书,与山中石华寺的住持真蒲交往密切。因这段经历,江朝宗后来写了《石华寺碑记》,感念住持的礼遇,盛赞缙云山"诚天壤胜概也"[①],并对住持的礼佛修殿之举称颂不已。

---

① 龙显昭.巴蜀佛教碑文集成[M].成都:巴蜀书社,2004:277.

石华寺旧址

景泰元年(1450),江朝宗守孝期满,补为郡庠生(官办学校的学生),随即牛刀小试,在乡试中一举夺魁。第二年春,这位从巴山渝水间走出来的青年才俊,怀抱利器,金榜题名,被选为庶常吉士,授检讨之职,参与撰修《大明一统志》的工作。

《大明一统志》是明代官修地理总志,共九十卷,系统地保存了明代政区的有关地理资料。撰修完成后,江朝宗升为编修。接下来,江朝宗又参与了《英庙实录》的撰修工作。此书以朝廷诸司部院所呈缴的章奏、批件等为本,又以遣往各省的官员收集的先朝事迹作补充,逐年记录明英宗朱祁镇的诏书、律令,以及政治、经济、文化等大事。编完此书,江朝宗以其真才实学,博得"良史之才"的美名,升为洗马,后升翰林院侍读学士。所谓侍读学士,用今天的话来说就是皇子们的辅导员。

成化九年（1473），江朝宗的母亲病逝，他遵守规制，辞官回乡守孝。明宪宗甚是不舍，下谕待江朝宗守丧期满，即刻恢复江朝宗以前的官职。成化十四年（1478），明宪宗不仅让江朝宗任御前讲席，还兼任东宫侍讲，亲自为太子授课，成为名副其实的"太师"。江朝宗爱惜人才，两次主持选拔贡士的会试，选贤举能，提拔了多名隽才。

　　江朝宗兢兢业业，一直恪守朝规，不曾逾矩。但天有不测风云，人有旦夕祸福。成化十四年（1478），江朝宗因"牟俸案"受到了牵连。

　　事情是这样的，成化十二年（1476），宫中出现一件怪事：术士李子龙勾结太监出入禁中，与宫女通奸，引起宪宗的警觉，后来又发生了刺杀宪宗未遂事件。为了加强防范，宪宗任命太监汪直组建西厂，开展了一系列侦探活动。汪直仗着宪宗的宠信，趁机剪除异己，大肆罗织罪名陷害无辜，朝臣人人自危。

　　牟俸本是清廉御史，在巡察山东、苏州等地期间，为救灾民，强令富豪交出谷物以备救灾之需，因而得罪了富豪，被汪直诬告。汪直请得宪宗诏令押解牟俸下狱。牟俸与江朝宗都是巴县人，平时过从甚密，互相敬重。牟俸含冤，江朝宗心多不平，念其清廉正直，愿舍身为其在朝廷申辩。宪宗不辨是非，将此事交由汪直处理。汪直因此诬告江朝宗与牟俸有关联，将他一并下狱。江朝宗在狱中被关押了半年，然后被贬谪到广东任市舶司提举，掌管征收外贸商税、检查往来船只、收购专卖品等事务，代表朝廷在广东管理海外贸易。

15世纪后期,世界进入"地理大发现"的时代,葡萄牙、西班牙等欧洲国家的探险家已经四处出击,日本、爪哇、暹罗等亚洲各国的商人也先后涌向中国。广东市舶司面对南海,每天都有外国商人前来叩关,以"向大明皇帝进贡"的名义,要求进入内陆做生意。作为市舶司提举,江朝宗要接待外国人,处理洋务;要检查"关文"的真假,鉴别处理"朝贡商品"与"走私商品"。身为朝廷命官,又从小受到儒学士大夫文化的熏陶,江朝宗严格按法律规定办事,把一批又一批走私货挡在国门之外。

商人都有逐利的本性,吃小亏占大便宜更是他们的信条。一些外国商人及其雇佣的买办使出行贿的手段,花钱送礼,恳求江朝宗高抬贵手。有的外国使者想与江朝宗见面拉关系,争先恐后地向市舶司的办事人员行贿,口称仰慕大明朝廷士大夫的威仪,希望当面聆听教诲。江朝宗对贿赂一概拒绝,并告诫手下不许接受任何礼品,违者严惩。[①]

江朝宗恪守"富贵不能淫,贫贱不能移,威武不能屈"的传统道德观念,清廉为官,不仅拒绝接受洋人的贿赂,也绝不趋炎附势。他在广东任职期间,甚至没有给皇帝和当朝宰相写过一封私信。朝廷似乎把这位曾经的"帝师"和"太子师"忘记了,一直没有再召他回京。直到江朝宗因年老体弱向朝廷提出辞官申请,皇帝才想起他来,恢复了他的内阁侍读学士职衔,准许他返乡休养。

江朝宗回到巴县后,以诗酒自娱,下棋遣兴,过着淡泊的

---

① 韩清林.中华十德与国学 高中下册[M].石家庄:河北人民出版社,2015:164.

生活。逢年过节,就宰杀牲畜,招待乡邻;遇上荒年,则开仓济穷。他待人随和,与邻里关系和睦,深受乡民敬重,多次被推举为孔子祭祀大典的大宾,且有"礼义廉耻以维持世道,孝弟忠信以风化乡间"之誉。此外,江朝宗还利用为朝廷编撰国家史志积累的知识和经验,著书立说,整理本土文化典籍,先后完成了《重庆府志》《蜀中人物记》等著述,不仅为后人的地方志撰写提供了详尽的资料和可供参考的模式,还为重庆的文化积累和传承作出了重要贡献。

陈介白

陈介白(1852—1936),字香荪,巴县蔡家乡(今重庆市北碚区蔡家岗街道)人。其父陈汝煜,日耕夜读,待人宽厚,育有二男一女。陈汝煜为儿子取名"陈介白",是希望他长大后能够清清白白做人。那时的观念是"万般皆下品,唯有读书高",学优登仕历来被民间士子视为"正途"。陈汝煜对子女劝学监读相当严格,陈介白刻苦勤勉,学业日进。同治六年(1867),15岁的陈介白与父同行,取道川、鄂,去麻城应童子试,中生员。尔后入县学,成为秀才,被族亲誉为"才子"。

陈介白手迹

快到20岁时,陈介白遵循父母之命、媒妁之言,与江北县悦来场(今属重庆渝北区)富户戴家之女结为百年之好,之后育有三男四女。陈介白37岁时,恰逢皇室庆典,科举加科,他满怀信心赶赴湖北江夏参加乡试,试卷受到主考学政赏识,考中光绪十五年(1889)恩科举人,一时才名蜚声乡里。不久,陈介白赴京会试,上试不中,"以大挑知县①试用

---

① 大挑知县,清代从举人中选官的一种制度。举人经会试三科未录取,即由礼部分省造册,咨送吏部,钦派王大臣面试拣选,称为"大挑"。选取者分二等,一等以知县用,称为"大挑知县"。

贵州"①。在此期间,陈介白廉洁奉公,惩恶肃贪,体恤民情,政绩斐然。辛亥革命推翻了清政府,陈介白从赤水罢官返乡。

1912年3月10日,袁世凯篡夺辛亥革命成果,在北京粉墨登场,就任中华民国临时大总统。1915年,为了巩固政权、复辟帝制,在武力镇压革命党人的同时,袁氏的亲信爪牙还举荐时贤作为"国民代表",投票拥护袁世凯称帝。德高望重的陈介白也被帝制喽啰推选为"国民代表"。消息传开,趋炎附势之徒纷纷登门贺喜,然而陈介白却像他父亲当年给他取名时所期望的那样,断然拒绝说:"吾虽老无状,不能为新莽陈颂功德。"②一位族亲长辈得知此事后,认为陈介白此举"大逆不道""不识时务",不顾年迈体弱,特地坐着滑竿来到陈家劝说。但无论他如何"开导",陈介白始终"执迷不悟",对方只得连声说道:"迂腐,迂腐!孺子不可教也。"陈介白送走长辈后,信步转入书房,挽起袖子,挥毫疾书:"介白一介乡民,岂可不重祖训,附和逆流,充当帮闲,强奸民意,屈服于权势之下,做出有负于辛亥革命烈士之事。时局逼人,介白无路,只得关门谢客,落得个自由痛快!"翌日清晨,陈介白将写好的"告白"端端正正地贴在门上。从此,便在陈氏祠堂设馆教学,教读乡里,教授子孙及乡里蒙童达二十余年之久。蔡家乡在陈介白的带领下开启了诗书传家

---

① 朱之洪,向楚,等.巴县志·卷十中之下[M].刻本.1939(民国二十八年):36.
② 重庆市北碚区地方志编纂委员会.重庆市北碚区志[M].重庆:科学技术文献出版社重庆分社,1989:537.

的新风。

1932年，陈介白八十大寿之日，祝寿宾客盈门，寿礼琳琅满目。本县的同窗好友、士绅名流，加上乡邻至亲同族诸人，以及佃客农户，将偌大一个宅院挤得满满当当。庆祝期间，陈家大摆三天宴席。每顿两百余桌，席桌常常不敷应用，便用簸盖当桌。祝寿的贫苦乡民，饭后都会收到一两碗蒸菜，作为"扎包"（即礼品）。凡来宾不分贫富，均赠送青花瓷碗一个，上面印制着"陈太守戴恭人八十双寿"十个工楷字，以资纪念。此次寿庆的热闹与隆重，不但在乡村是破天荒的，就是在全县也是绝无仅有的。

1933年，为了让父亲陈介白能够得到更好的照顾，其子陈庚虞专门延请外国设计师到北碚设计和修建了举人楼。然而楼房竣工后不久，陈介白就于1936年撒手西去。

举人楼（陈丽英　摄）

陈介白逝世后,前往吊唁者车水马龙、络绎不绝。陈家收到了各方的挽联,其中尤以陈家私塾先生胡子尊撰写的联语最为引人注目:

共窗描仿,一桌苦读。同考生员,同为秀才,同赴乡试,唯君中举。呜呼哀哉,如今安然归西。

清白为官,潜心育人。不当"代表",不作帮闲,不畏权势,名重遐迩。阿弥陀佛,无人不念香荪。

短短六十八个字,寄托着胡子尊对陈介白的怀念之情,更鲜明地刻画出了陈介白光明坦荡、慈爱善良的人格精神。

陈介白出殡这天,吊丧者人人头包白孝帕,浩浩荡荡的送灵队伍,宛如一条巨大的白龙。沿途鞭炮不绝,锣鼓喧天,漫天飞舞着纸钱,使寂静的山水含悲。手执旗幡、伞扇、纸人、纸马、纸车、纸房等各色冥器的人为先导,之后是鼓乐手、道士、和尚以及披麻戴孝的长子陈鹤年。当引灵子孙、抬灵柩的杠夫抵达墓场时,身着孝衣的三亲六戚和乡民佃户,仍在房屋内未移动一步,足见送灵人之众多。

光明磊落、仁厚慈善的陈介白不仅生前受人爱戴,死后也依然被后人所尊崇。重庆中环快速干道的规划路线原本是要经过举人楼的,但为了保护该楼,政府不惜花重金改道。2009年,举人楼以"陈家大院"之名,被列为重庆市文物保护单位。[①]所有这些,都是对北碚先贤陈介白不畏权势、体恤民情的高贵精神的守护和传承。

---

① 李炼.北碚蔡家藏着清代举人楼和古寨[N].重庆晨报,2017-07-23(07).

张之江

张之江（1882—1966），字紫岷，号子姜，河北省盐山人，西北军著名将领，中国国术（武术）的主要倡导人，民国时期中央国术馆的首任馆长和国立国术体育师范专科学校的首任校长。

张之江8岁随祖父习武读书，自青年时起即喜爱武术。他早年跟随冯玉祥东征西讨，官至西北边防督办，有着"元宿战将"的誉称，与李鸣钟、宋哲元、鹿钟麟、刘郁芬并称为冯玉祥的"五虎上将"。1926年，南口战役之后，44岁的张之江自觉体力大有损耗，开始跟自己的副官李元智和军法处处长马凤图习拳练武。常年征战的军旅生活和机缘巧合的个人练武实践，使张之江对武术的功能和作用在认识上有了升华。他把武术视为"军之胆，国之魂"[1]。

1927年，张之江脱离军界，在南京发起成立国术研究馆。1928年3月，国术研究馆正式成立，6月，易名为中央国术馆，张之江自任馆长。在国术馆的成立大会上，张之江喊

---

[1] 万乐刚.张之江将军传[M].北京：团结出版社，2015：165.

出"强国必先强种,强种必先强身"①的热血誓言。在张之江的号召下,中央国术馆聚集了一批知名拳师,研究整理武术,并开展教学辅导工作,还创办出版了《国术周刊》《中央国术旬刊》《国术统一月刊》等武术刊物。在中央国术馆的带动下,全国各地都纷纷成立了国术馆,从而形成了一个自上而下的国术馆系统,全国的习武热情空前高涨。

中央国术馆成立后,为扬我中华国威,推动中华武术走向世界,张之江做了很多工作。自20世纪30年代起,张之江率队先后出访日本、东南亚和欧洲等地,传播中国武术文化。1934年,张之江在南京创办了"中央国术馆体育专科学校",后易名为"国立国术体育专科学校"(简称"国体专"),升格为大专性质,开了我国武术进入高等教育系统的先河。该校的办学初衷就是要强调国术与体育并重,培养全才师资。为了践行这一目标,张之江不惜高薪特聘大批体育名家及外籍教师来校任教,还大胆借鉴西方体育的训练、发展模式,彻底实现了中西体育之间的沟通。1936年8月,他率国术队参加德国柏林奥运会,进行武术表演。他们的表演轰动了世界体坛,他被誉为"中国国术开始走向国际体坛的第一人"。

抗战全面爆发后,中央国术馆和国体专西迁昆明;1940年7月,从昆明迁至北碚金刚碑;1942年又搬至北碚蔡锷路19号,国体专更名为国立国术体育师范专科学校(简称"国体师专")。

---

① 张之江.中央国术馆成立大会宣言[M]//中央国术馆.张之江先生国术言论集.南京:大陆印书馆,1931:7.

位于北碚金刚碑的国立国术体育师范专科学校旧址

  历经几次搬迁,国术馆和国体师专教职人员流失严重,张之江就地聘请教授学者到国体师专任职,逐渐健全人事组织。此时,物价上涨,法币贬值,学校发展经费严重不足,教学工作几乎无法开展。1944年春季,归国华侨马戏团在重庆演出,张之江与之协商联合表演,票价收入一半归马戏团,一半归国体师专。1944年秋季,国体师专又在北碚与湖北京剧团合作,发起募捐表演。随后还组织国术队到江津进行表演募捐,以其所得置办教育设备和图书,并在学校兴建了一所体育馆。张之江克服千难万险,坚持办学,国体师专曲折发展,毕业的学生都成为各地的武术骨干,为武术的推广起到了积极的作用。可惜的是,中央国术馆由于经费不足,难以维持,其大部分学员纷纷离去,1943年后就停止了活动,一直名存实亡,到1948年正式停办。

中央国术馆坎坷发展二十年，在张之江的努力维持下，造就了一大批优秀人才，如张文广、温敬铭、何福生等。仅1928年至1937年，中央国术馆就招收了5期学生，近500人。全面抗战时期，不少学员都投入抗战，被分配到各部队中任武术教官，训练官兵武术和刀剑技能，为抗战胜利作出了巨大贡献。

1946年夏，张之江随国体师专迁往天津。新中国成立之后，张之江当选为全国政协委员，受到毛泽东主席的亲切接见。1966年5月，张之江在上海病逝，享年84岁。

钱崇澍

钱崇澍(1883—1965),号雨农,浙江海宁人。中国近代植物学奠基人之一,中国植物分类学、植物生理学、植物区系学的创始人之一,毕生从事植物分类学教学和研究工作,取得了卓越的成果。

钱崇澍1910年考取留美公费生赴美深造,先后在伊利诺伊州大学、芝加哥大学、哈佛大学学习。1916年回国后,任南京甲种农业学校、金陵大学、东南大学、清华大学、厦门大学、四川大学、复旦大学等学校教授,为祖国培养了一批优秀的植物学家。

为了促进植物学发展,20世纪20年代,他与胡先骕等在南京中国科学社生物研究所(以下简称"生物所")设立植物部,建立实验室。1933年,又和胡先骕、辛树帜等发起,在北碚中国西部科学院成立中国植物学会。

1937年"七七事变"后,为了保存生物研究所的科研队伍,生物所所长秉志与钱崇澍反复商量迁移大事,最终,他们决定将生物所迁往北碚。时任所长秉志因为夫人病重未能随所迁移,钱崇澍任代所长,带领大家迁移。

1937年11月,生物所在卢作孚民生公司的大力协助下,历经千难万险,终于全部从南京转移到北碚。生物所借中国西部科学院的场地,迅速恢复了工作,后来,在文星湾旁张家湾的一个小山岗上修建了一幢简朴的两层小楼,并于1940年2月搬到新楼办公。1942年4月,科学社总社、《科学》杂志社也迁到了北碚,与生物所在一起办公。

　　抗战时的重庆,物价飞涨,物资奇缺,北碚也不例外。由于生物所是民办研究机构,作为经费主要来源的捐赠款又时常不到位,十分拮据,难以为继,科研人员的工作和生活都陷入困境。当时国民政府的一个部长带口信给钱崇澍,只要中国科学社生物研究所受教育部领导,科学研究和职工生活经费就有保障。还有人介绍他去当国民党立法委员,这些都被他断然拒绝。[1]

　　钱崇澍带领大家开源节流,千方百计克服困难。为节省开支,生物研究所的每间房屋既是办公室又兼职工宿舍,一屋多用。钱崇澍还带领大家搞起了生活自救。他们利用生物所附近的荒地,挽起袖子开荒种菜,穿起围裙修建简陋的猪圈养猪。为解决生活上面临的困难,维持最低限度的生活,保证队伍的稳定,钱崇澍带头到距北碚25公里的青木关国立十四中学兼课,还担任复旦大学教授并兼任农学院院长,同时鼓励一些高级职员到外面兼课。

　　1940年,生物所自建实验室进行研究,每年到此查阅研究资料的国内外学者络绎不绝,成为中国植物研究的一个基

---

[1] 周继超,潘洵.北碚抗战史[M].重庆:重庆出版社,2021:400.

地和国际交流的窗口,其盛况不减在南京时。①

植物学的研究需要深入自然,在野外收集植物标本来获取第一手研究资料。钱崇澍为了解北碚植物的分布情况,经常上山采集植物标本,足迹踏遍缙云山、西山坪、飞蛾山、鸡公山,风餐露宿,采集了大量植物标本。夜晚回到研究所,就着昏暗的灯光,钱崇澍和他的同事们悉心研究,在北碚期间,完成了《中国森林植物志》《北碚菊科植物志》等著述,为植物学发展作出了贡献。

钱崇澍与生物研究所的植物学家们一道,先后在当时的四川、西康、云南、贵州四省开展生物调查研究,取得了显著的成效,获得了许多开创性的成果,对促进西南地区植物物种资源的开发利用具有重要意义。当时,生物研究所与国外800多个研究机构交换论文及专刊,使当时世界各国的科研机构无不知道中国有这样一个研究所,通信地址是中国北碚。1943年,英国生物化学家、科学技术史专家李约瑟到北碚考察抗战期间中国学术机构的状况,高度评价了中国科学社与钱崇澍等科学家的工作。

新中国成立后,钱崇澍担任了中国科学院植物研究所所长、中国植物学会理事长等职,1955年当选为中国科学院学部委员(院士)。

植物志是完整记载一个国家或地区植物种类的植物分类学著作,不仅可以促进植物学各分支学科的深入研究,也可作为工具书为植物鉴定等提供参照,还可为植物资源开发

---

① 周继超,潘洵.北碚抗战史[M].重庆:重庆出版社,2021:417.

提供依据，历来极受重视。早在1934年，胡先骕就提出过编写植物志的建议，但是那时中国处于被日本侵略的深重灾难之中，不具备条件。新中国成立后，《中国植物志》的编写工作被提上了议事日程。编写植物志是老一辈植物学家多年的愿望，同时也是一项工程浩大且有难度的研究工作，需要集中全国的专家积极参与并通力协作，同时还要有很强的知识积累性与继承性，每一个科、属的编写，既离不开前人知识、经验和资料的积累，也需要梳理文献资料、补充采集标本，不但要承前而且还要启后。已到晚年的钱崇澍不辞辛劳，和陈焕镛一道担任了《中国植物志》的主编工作，在当时条件不完善的情况下，团结全国的植物学家，克服重重困难，推进《中国植物志》的编写工作。到钱崇澍去世时，《中国植物志》已出版了3卷。

熊十力

熊十力(1884—1968),原名继智、升恒、定中,字子真,湖北黄冈人,著名哲学家、思想家,新儒家开山祖师,国学大师。

熊十力幼时在家随兄读书,14岁从军,1905年考入湖北陆军特别小学堂,在校期间,加入武昌"科学补习所""日知会"等反清革命团体,武昌起义后参加光复黄州活动,后赴武昌,被任命为湖北军政府参谋。1917年赴广州参加孙中山领导的"护法运动"。失败后,决意专心从事哲学研究。

1918年,熊十力编成《熊子真心书》,蔡元培为其作序,赞誉此书"贯通百家,融会儒佛。其究也,乃欲以老氏清净寡欲之旨,养其至大至刚之气。富哉言乎!遵斯道也以行,本淡泊明志之操,收宁静致远之效,庶几横流可挽,而大道亦无事乎他求矣"①,并在1922年邀熊十力在北京大学讲授唯识学。蔡元培见熊十力思想深邃、功底厚实,便取沈约《内典序》中的"六度之业既深,十力之功自远"中的"十力"

---

① 蔡元培.熊子真心书序[M]//熊十力.新唯识论.北京:中华书局,1985:3.

二字,为其更名。

熊十力的《新唯识论》一书受到哲学大家马一浮的赏识,此后,他与梁漱溟和马一浮交往甚密,当时他们三人被弟子们称为中国哲学"三圣"。在很长一段时间里,熊十力春秋季节在北方与梁漱溟一起求经问道,冬天便南下杭州,与马一浮探讨哲学义理。

1942年,熊十力到北碚金刚碑梁漱溟创办的勉仁书院讲学时,由老友居正募资,以勉仁书院哲学组的名义出版了《新唯识论》语体文本上中卷。时任蒋介石侍从室机要秘书的徐秉常(字佛观)偶然间从友人处获得,阅读时被其精巧的构思、严谨的用词和翔实的辨证所折服。徐秉常虽供职军政,但倾心哲学。1943年,他就经常到勉仁书院向熊十力讨教,熊十力认为"观佛之空不如观易之复",遂为其改名为"复观"。在频繁交谈中,熊十力非常看重徐的思辨能力,对其循循善诱,严格教导。徐复观也被熊十力"亡国者,常先亡文化"的见解所打动,开始由政转学,潜心研究中国文化。

熊十力性情乖张,但至真至诚,为人豪爽。当时勉仁书院的经费有限,教师薪酬低廉。熊十力虽对生活有所讲究,但对敛取不义之财的行为嗤之以鼻。1943年秋,徐复观前来看望熊十力,顺手掏出100万元的支票,说是蒋介石所给。熊十力顿时脸色大变,怒气冲天,大骂:"你快给我走!蒋介石是狗子,是王八蛋!我怎么能用他的钱!你快给我拿走。"徐复观走后没多久,郭沫若来重庆,到北碚暂居,特地给熊十力带了一只老母鸡,受到熊十力的热情招待,两人在勉仁书院前的山坡上谈笑风生,爽朗的笑声传遍书院。

李渊庭1924年就跟随熊十力治学,时任勉仁书院学员(研究员)兼秘书,也是勉仁中学高中的语文、历史老师兼教务总管,两家毗邻而居。1945年初的一个傍晚,李渊庭看到熊十力在书稿上引用了王船山的话,却不符合原意,就直言指出。熊十力当即火冒三丈,无论对方如何辩解,他都难以平息怒气。李渊庭走出门时,他还不依不饶地追在后面大骂:"王八蛋!难道是我错了?"李渊庭了解熊十力一点就着的火药桶脾性,只得先低头认错,尽快结束了这场"战斗"。第二天一早,熊十力就去敲李渊庭家的门,笑嘻嘻喊着:"渊庭,你对了,我错了!我晚上拿出书来仔细看了上下文,是你说的那意思。哈哈,冤枉你了!"接着摸摸三个孩子的头说:"熊爷爷吓着你们了!"说完,哈哈地笑着转身离去。此后,两人的关系更近了。

1944年,由中国哲学会将《新唯识论》语体文本上、中、下卷交由商务印书馆出版。接着熊十力又在北碚完成了《读经示要》,1945年由南方印书馆出版。1947年4月,熊十力重返北京大学任教,受到多方面资助。1947年印制的《新唯识论》语体文本三卷四册、《十力语要》四卷四册是《新论》《语要》最好的版本。

此后,熊十力辗转杭州、广州、武汉、上海、北京多地居住、讲学,陆续出版了《十力语要初续》《韩非子评论》《与友人论张江陵》《摧惑显宗记》等著作。

"天行健,君子以自强不息。"熊十力一生精力充沛,是一位极富创造力的哲学大家,随时随地都可讲圣人之道、百家之言,身处艰苦环境也不歇笔,一生撰写专著、论文、札记等300万言。他不是旅美留日的"洋才子",也没有高等学历的光环,但在中国传统文化的沃土上握笔长栖,对于天地道法、自然人伦的精思,蜚声四海,所著文章气魄宏伟,体势雄健。在近五十年的执教路上,熊门弟子川流不息,其中不乏唐君毅、牟宗三、徐复观这样的儒学大家。

张从吾

张从吾(1888—1960),原名张铁生,重庆长寿人,中国现代藏书家。

1918年,他在有"**棒客**①**队伍**"之称的某军征收局供职,这虽是个肥差,于他而言,却如陷囹圄,后因旅长强行"提局款"事件,他弃职逃亡,上级不问青红皂白,报省府要"通缉"他,他痛定思痛,事后便改名"从吾",取孔子"从吾所好"之意,以警醒自己。1921年春,张从吾到泸县永宁道教育科任科员,告别军旅生活,转入教育界。1930年夏,张从吾受卢作孚之邀,到北碚峡防局担任教育辅导员,同年秋季转入兼善中学任训育主任,随后到万县(今重庆市万州区)教育局、重庆宏育中学任职,之后曾任北碚图书馆馆长。

1932年夏,受卢作孚之邀,张从吾到民生公司担任编辑股主任,主编《新世界》和《简讯》。工作期间,他收集了大量的图书资料,并办起了书报阅览室。1933年,民生公司图书馆成立,张从吾任馆长。1938年10月,民生公司大楼失火,大量藏书被毁,他心痛万分。1939年5月,日机轰炸猛烈,印

---
① 棒客:四川方言,即土匪。

刷厂损毁严重,《新世界》被迫停刊。此后,他便集中精力振兴图书馆。为防空袭,张从吾将图书馆搬迁到合川乡下渠河嘴。当时正值农作物青黄不接之时,乡民以蚕豆果腹,生活困顿。图书馆职员节衣缩食,拮据度日。在自己的生活都难以保障的情况下,张从吾和妻子还时常接济家口较多或生病的职工。当时馆舍分驻城乡两地,人员少、工作量大,但张从吾心态豁达,闲暇之余仍以读书为乐,自学图书馆学、文献学、目录学、版本学等图书馆业务的相关知识,图书馆的各项事务也有序进行。

抗战胜利后,民生公司图书馆与北碚民众图书馆、中国西部科学院图书馆合并建立了北碚图书馆,1946年夏正式开馆,张从吾出任馆长。历经抗战,民众备尝艰辛,国民党当局却不顾人民疾苦,一意孤行发动内战,爱国人士无不扼腕愤恨。为了表明自己的态度,张从吾将家里的藏书楼取名为"拜甘楼",立志学习印度革命领袖甘地。后来,他又请友人镌刻了两枚朱文篆书印章,一枚刻"拜甘楼",另一枚刻"从吾所好"。一直到新中国成立前,他自购书报时都会钤盖这两枚印章。为了更加醒目,他又用枣木镂刻了一块篆书"拜甘楼"的匾额,以黄底绿字配色,悬挂在楼外的走廊门楣上。

随着图书馆规模的扩大,张从吾开始在图书馆建设和管理上进行大刀阔斧的改革,欲将其建成一个多功能的综合性大型图书馆。为了使图书能满足大众需求,更好地服务于北碚的文化事业,他聘请专家担任顾问,指导图书的采访工作。张从吾先后在成都等地购得大批古籍、数万册儿童读物、中学生读物等。其中不少书刊资料都弥足珍贵，如《清实录》、日本版的《世界美术全集》以及创刊于1910年的全套《小说月报》等。1949年初，张从吾获得民生公司的巨额拨款，从成都购得全套《国民公报》，这是当时四川省内出版时间最长的报纸，现在已经是国内仅存最完整的一套。除了经典的、通用的图书和资料，张从吾还不遗余力地在全国范围内联系地方书店，获取了大量的地方文献。到1949年12月重庆解放时，全馆藏书达24万册，收藏的地方志共有751种1241部，其中川渝地方志达138种。①

在图书馆的布局上，张从吾先后开设了阅览室和参考室，还开放了夜馆，并在北碚天津路设期刊、日报和儿童读物等阅览室，方便读者阅读。在张从吾看来，图书馆不仅是他的工作单位，也是他教书育人的场所。除了考核、管理和培训工作人员，他还为馆员定期讲授古典文学和图书专业知识，经常批改他们的作文和日记，要求他们练习书法。1950年1月24日，图书馆由军管会接管，张从吾继续担任馆长。1955年，北碚图书馆与重庆市图书馆合并，改为重庆市图书馆北碚分馆，张从吾担任重庆市图书馆副馆长兼北碚图书馆馆长。

张从吾和朱德是患难挚友，二人分别几十年，但一直未曾中断联系。在1938年5月和次年2月，他收到朱德从抗战前线寄来的两封亲笔信，视如珍宝，即使处于国民党的白色

---

① 重庆市文化局.重庆文化艺术志[M].重庆：西南师范大学出版社，2000：572.

恐怖之下，依然保存得完好无损。1978年，该信由其女儿交给中国革命博物馆收藏。1957年3月，朱德偕夫人康克清到重庆视察，专程到北碚看望张从吾，并一同游览了北温泉公园。次年，张从吾患上癌症，朱德特地托人从北京带来药品以解病难之急。

朱德写给张从吾的信

张从吾一生与书为伴，爱书如命，阅书无数。概括起来，他平生主要就做了两件事情：读书和藏书。他生活俭朴，但买书是他生活的一大开支，他的"拜甘楼"就是一个小型图书馆。他收藏的书种类极广，政治、经济、哲学、文化、历史、科学等均有涉及。几乎每种书都有他校读、研究、考证、题签的痕迹。1960年8月14日，张从吾病逝之后，他的夫人李雪遵照他的遗愿，将他一生所藏的11000册书刊全部捐给了北碚图书馆。

晏阳初

晏阳初(1890—1990),曾用名遇春,四川巴中人,中国著名的平民教育家和乡村建设家,被誉为"世界平民教育运动之父"。

晏阳初自幼受到儒家文化的熏陶,他的父亲谙习时势,深知"书香之外另有世界,西学乃潮流所趋",毅然将少年晏阳初送到几百里之外的基督教内地会创办的西学堂接受

晏阳初

新学。1913年,晏阳初赴香港圣士提反书院深造,1916年进入美国耶鲁大学学习,主修政治学和经济学。1918年,晏阳初应募奔赴法国战场,为战地华工服务。在此期间,他还在华工中创办了识字班,使他们通过四个月的夜校学习便能读书、写家信。看到华工的学习热情和进步,他认为世界上最宝贵的资源不是金矿银矿,而是"脑矿","世界上最大的脑矿在中国"[1],并立下了毕生从事平民教育的志向。

1920年回国后,晏阳初游历考察了19个省,在各地创办平民识字班。1923年8月26日,在文化名人张伯苓、蒋梦麟、陶行知等人的支持下,晏阳初在北京组织成立了中华平

---

[1] 马秋帆,熊明安.晏阳初教育论著选[M].北京:人民教育出版社,1993:298.

民教育促进会(以下简称"平教会"),把开发"脑矿"的工作做得更广泛。

1940年,平教会迁到重庆,落脚在依山傍水、群英荟萃的北碚。自1927年开始,经过十三年的乡村建设,北碚已经是一个"具有现代化雏形"的城市,复旦大学的迁入和众多学校的创建使得北碚的教育体系日臻成熟。平教会的加盟使北碚的高等教育发展和乡村建设如虎添翼。通过近二十年的乡村建设实践,平教会意识到改革大学教育、培养人才的迫切性,决定在北碚成立乡村建设学院,校址选在距重庆约60公里的北碚歇马场大磨滩龙凤溪畔。在申请立案时,国民政府教育部认为乡村建设学院的院系设置不符合《大学法》规定,不予批准。几经周折,才获得教育部部长陈立夫与高等教育司司长吴俊升的特批,但要求将"乡村建设学

中国乡村建设学院教室

院"改为"私立乡村建设育才院",学制两年,第一届先办乡村教育与农业两个专修科。1940年10月28日,私立乡村建设育才院正式开学。

1945年8月,经国民政府教育部批准,"私立乡村建设育才院"改名为"私立中国乡村建设学院"(简称"中国乡村建设学院"),修业年限为四年,为本科学校,授予毕业生学士学位。这是中国第一所培养从事农村建设人才的高等学府。

在晏阳初看来,当时国内大学的科系设置过度模仿东洋和西洋的大学,极少考虑中国人的文化背景和社会需要。因此,中国乡村建设学院的科系设置完全贯彻了晏阳初平民教育的思想和宗旨。学院共设四个系,乡村教育系培养治"愚"的文化教育人才,农学系和农田水利系培养治"穷"的生计教育人才,社会学系聚焦治"私"的公民教育,培养地方行政人才。①为了适应战后建设的需要,晏阳初又将中国乡村建设学院扩展为平民大学。在课程的设置上,晏阳初有相当大的自主权,除教育部统一规定的公共课程,他根据平民教育和乡村改造的需要,开设了乡村建设概论、农业概论、乡村教育概论、农村经济、社会工作方法、公共卫生等课程。在教学方式上,为了使大学教育真正落地生根,晏阳初模仿物理、化学、生物等学科的实验室,建立了"社会实验室",解决了学校与社会脱节的问题。在人才培养目标上,晏阳初认为一个合格的乡村建设者,不仅要有专家的知识和科学家的

---

① 张颖夫,田冬梅.论晏阳初在重庆北碚对大学教育的改革及其当代价值[J].西南大学学报(社会科学版),2012(1):33.

头脑,还要有劳动者的体力、创造者的气魄以及宗教家的精神。这些目标和设想,在晏阳初的倡导下一一变为现实。

1946年起,晏阳初最先在北碚、璧山建立了华西实验区,在农村建立了传习所和合作社,推广优良品种和先进的农业技术,切实增加农民收入。至1949年,华西实验区的范围扩大到北碚周边11个县的160个乡镇,建立合作社699个,社员达65137人。

晏阳初早年在耶鲁大学时,就曾任耶鲁华人协会会长。他回国兴办平民教育和创办乡村建设学院,其经费多来自美国的募捐。抗战胜利后,晏阳初建议蒋介石投入更多的资源发展乡村建设,但遭到拒绝。"碰壁"后的晏阳初并没有气馁,他利用自己的影响,在美国宣传中国的抗战和乡村建设运动,向美国寻求援助。最终美国国会在"1948年援助中国经济"议案的基础上通过了一条名为"晏阳初条款"的法案,规定将"四亿二千万对华经援总额中须拨付不少于百分之五、不多于百分之十的额度,用于中国农村的建设与复兴"。

1951年,中国乡村建设学院由重庆军事管制委员会接管,改名为川东教育学院。中国乡村建设学院在办学的十一年间,共招收学生1180人,修业期满并经国民政府教育部核准毕业的学生共计379名,其中专科毕业生134名,本科毕业生245名。他们分散在全国各地不同的工作岗位上,成为各个行业的骨干。

中国乡村建设学院的持续发展宣告了平教会在北碚乡建实践的成功,晏阳初也因此走向世界领奖台。1943年,在哥白尼逝世400周年全美纪念大会上，晏阳初与爱因斯坦、杜威等人同被列为"现代世界最具革命性贡献的十大伟人"。授予晏阳初的表扬状称晏阳初是"杰出的发明者：将中国几千文字简化且容易读，使书本上的知识开放给万千以前不识字人的心智。又是他的伟大人民的领导者：应用科学方法，肥沃他们的田土，增加他们辛劳的果实"。20世纪50年代，晏阳初走出国门，将目光投向第三世界国家，受聘到多个国家或国际组织任职，推广平民教育，被称为"世界平民教育运动之父"。

太虚法师

太虚法师(1890—1947)，俗名吕淦森，法名唯心，号太虚，浙江崇德人，中国佛教学者、佛教改革家、僧人。其一生提倡人间佛教思想，主张革新佛教，"志在整理僧伽制度，行在瑜伽菩萨戒本"，对现代佛教的发展产生了巨大影响。

太虚法师

太虚16岁时在苏州小九华寺出家，受戒于宁波天童寺，师事天童寺寄禅和尚。早年长期在苏浙沪一带的寺庙修学佛经，接触到许多革命言论，萌发了革新佛教的想法。1912年，太虚法师在镇江金山寺创设了佛教协进会(后并入中华佛教总会)，1913年任《佛教月报》编辑。1917年，他首次走出国门，考察了日本宗教的革新状况，之后又率领中国佛教代表团先后赴日本、欧美等地游历、演讲。其中，1928年的巴黎之行开启了中国佛教走进西方世界的旅程。此时，太虚法师开始筹组世界佛学苑。回国后，他将一路上的所闻所见辑成《太虚大师环游记》，于1930年在上海正式出版，传遍全国。

1931年，"九一八"事变爆发，太虚法师热血沸腾，悲愤难平，号召广大佛教徒，秉承训诫，积极反对日本军国主义，

维护人道佛心。1932年,他初到重庆,适逢刘湘通令川东各县佛教会派僧人入藏学法。他建议,与其派往游学,不如在四川设佛学院。因此,他便牵头在北碚缙云山的缙云寺内,创设了世界佛学苑汉藏教理院(以下简称"教理院"),培养大批青年僧人进入藏地传播佛教。教理院办学时间长达十九年。在1936年6月报给四川省政府的呈文中,他表示该院的建立旨在加强汉藏之间的文化沟通,维护民族团结,巩固国邦。为了使学生毕业赴藏后能对藏族落后状况的改善有所贡献,在课程设置上除了有佛经、藏文之外,他还加上了农业及卫生知识等,要求学生在毕业之前参与实习。

汉藏教理院院长太虚法师(前排左三)、张从吾(后排左一)、黄子裳(后排左二)、卢子英(后排左四)

全面抗战爆发后,太虚法师在教理院收留了大批逃难的爱国青年,并邀请冯玉祥、郭沫若、田汉、老舍等爱国人士宣讲抗日救亡言论。1937年,太虚法师应嘉陵江实验区署的邀请,向区署职员做了题为"新中国建设与新佛教"的演讲,他把人们心中无所不能的"菩萨"解释为学佛的学生,认为佛教对人的教育在于能使信奉者具有为国家和人民谋幸福的勇气和能力。他所言的"人生佛教""人间佛教"[①]正是他革新佛教的核心内容。

  武汉沦陷之后,中国的对外交通渠道几近断绝。滇缅公路是抗战时期运送国际援华战略物资的重要通道,具有重要的战略地位,日本对滇缅公路一直虎视眈眈,多次派飞机轰炸破坏。为保障滇缅公路的畅通,必须保持良好的中缅关系,1939年,国民党执委秘书长朱家骅致函陈立夫,建议快速组建佛教访问团出访缅甸,积极宣传我国民众同仇敌忾、团结抗日的正面信息。太虚法师在中国佛教界德高望重,又曾游历欧美,见识广博,成为国民政府组建佛教访问团的不二人选。[②]1939年11月,太虚法师率领中国国际佛教访问团从北碚出发,南访缅甸,之后还一路进入印度、斯里兰卡、新加坡等地进行佛学交流,争取国际佛教徒对我国抗战的同情和支持。归国后,他将带回的各国赠送的法物和纪念品陈列于缙云寺。抗战胜利后,这批赠品又移至温泉公园展出了三天。

---

① 姚彬彬.现代文化思潮与中国佛学的转型[M].北京:宗教文化出版社,2015:65.
② 熊杰.太虚法师与佛教的抗日救国[J].中国档案,2018(7):83.

抗战时期，太虚法师号召佛教徒组成抗战救护队、运输队，去往前线。他也亲自在汉藏教理院组织了抗日宣传队，在北碚各乡镇进行抗日宣传、募捐救国等活动。除此而外，他还曾在江北县静观镇（今北碚静观镇）的塔坪寺设避难所，救助难民。

中国第一所高等汉藏佛教学校——世界佛学苑汉藏教理院，1932年创办，设于缙云山缙云寺内

1946年元旦，国民政府授予太虚法师"抗战胜利勋章"，以表彰他为抗战胜利所作的贡献。同年年底，太虚法师移锡浙江延庆寺。1947年，几位佛教挚友相继离世，太虚法师悲痛欲绝。1947年2月17日，得知福善法师病重的消息，太虚法师冒着风雪赶赴上海玉佛寺探望，20日，福善法师不治去世。3月12日，太虚法师在玉佛寺为震华法师封龛说法时，突发脑出血病逝，终年59岁。

太虚法师的圆寂引起了中外各方人士的关注，挽联多达五千副，冯玉祥的挽联是"万里惊闻归净土，八方风雨共含悲"。伦敦、巴黎等地也纷纷发来唁电。太虚法师逝世十日前,将自己所著《人生佛教》一书赠送给佛教居士赵朴初,勉励他今后努力护法。赵朴初听闻法师过世,十分悲痛,作挽诗追悼:

旬前招我何为者,付我新编意倍醰。
遗嘱分明今始悟,先几隐约话头参。
神州风雨沉千劫,旷世光华掩一龛。
火宅群儿应不舍,再来伫见雨优昙。①

太虚法师以佛道禅心度人、度世,他一生以弘大佛光、团结民族、振兴中华为己任,足迹遍布大洋彼岸、山海内外,为佛教的现代化和国际化作出了重要贡献。

新中国成立后,国家分别于1958年、1988年两次拨款在缙云山修建太虚塔,时任中国佛教协会会长赵朴初亲书"太虚大师之塔",以示对太虚法师的纪念。

---

① 赵朴初.赵朴初大德文汇[M].北京:华夏出版社,2012:319.

竺可桢

竺可桢（1890—1974），字藕舫，浙江绍兴人，我国著名的地理学家、气象学、教育家。

1909年，竺可桢进入唐山路矿学堂（唐山铁道学院前身）学习土木工程。1910年公费赴美留学。因为中国是一个农业国家，所以竺可桢认为应当"以农为本"，先在伊利诺伊大学农学院读书，后又到哈佛大学学习气象学。

竺可桢

1916年，竺可桢参加了我国第一个以提倡科学、传播知识为宗旨的科学团体——中国科学社的活动，成为该社的骨干成员之一。从1916年开始，他在美国的气象、地理刊物上和中国科学社的《科学》月刊上发表了一系列关于中国雨量和台风的学术论文。中国科学社迁回国内以后，竺可桢更积极地在《科学》上发表文章，为我国近代科学的建立和传播立下了不朽的功勋。

1918年秋,竺可桢获博士学位后回国,先后执教于武昌高等师范学校、南京高等师范学校、东南大学、南开大学等。

1927年,竺可桢应新成立的中央研究院院长蔡元培的邀请,在南京筹建气象研究所,从次年起直至1946年,任该所所长。气象研究所在全国布设了40多个观测台站,培养了包括赵九章在内的一大批气象观测人才,开始了我国近代科学意义上的天气预报业务,并在此基础上展开了对地面和高空的观测,改变了我国气象预报对外国驻华机构的依赖局面。

1937年12月底,气象研究所搭乘民生公司轮船前往重庆,租赁通远门兴隆街19号为临时办公地点。1938年3月初,又改租重庆曾家岩"颖庐"二楼为所址。因北碚有中国西部科学院及中国科学社生物研究所,学术氛围较为浓厚,为找到一个永久地址,竺可桢又在汉口亲自拜访卢作孚,希望将气象研究所迁到北碚。

1939年3月9日,竺可桢第一次到北碚(当时气象研究所还未迁碚)。此行,他游览了北温泉公园和缙云山。竺可桢对北温泉公园和缙云山大加赞赏,在日记中写道,"风景之佳,甲于西南","沿途风景颇佳,树木郁盛"。此后,他每次来到北碚,都会忙里偷闲,去北温泉公园泡温泉,或步行登缙云山。

缙岭晚霞

1939年5月重庆"五三""五四"大轰炸后,气象研究所立即迁到北碚,在北碚张家沱租了三幢房子,分别作办公室及男女职员宿舍用。

当时,因气象研究所所长与浙江大学校长职务集于一身,竺可桢在贵州、重庆两头跑,一年之中,有大概三分之一的时间在气象研究所,其余时间主要在浙江大学。

1939年9月6日,竺可桢到气象研究所上班。

鉴于张家沱的租房太过简陋,以及在全面抗战爆发后自己忙于浙大四次艰辛搬迁的几年中,气象所工作停滞不前,甚至在有些方面落后的状况,竺可桢决定择地修建新址,改善办公条件,大力开展整顿工作。

气象研究所在金刚碑乡团山堡村水井湾高岗购得土地四亩八分作为新所址,工程设计包括办公室、图书馆、职员宿舍等平房五幢、观测坪一处。新所于1940年5月1日动工修建,12月竣工。气象研究所员工于12月下旬分批迁入,1941年元旦起正式在新址办公。竺可桢将新址所在地的水井湾高岗取名"象山",将气象研究所新建院落命名为"象庄"。

竺可桢居住象庄时,常登临缙云山,并利用水银气压表测定缙云山各处高度,测定数据:狮子峰909米,缙云寺789米,象庄301米。缙云山有史以来第一次有了具体的高度记载。

日全食是一种罕见的天文奇观,在地球的同一地点数百年才能观测到一次。1941年9月21日,中国境内发生日全食,对于这次全球四百年来罕见的天文奇观,竺可桢在象庄将天文望远镜设置于室外,邀科学界人士聚集象庄,通过天文望远镜观测,并吩咐研究人员做好日全食影响各项天气要素的记录。观测后,科学社随即在象庄召开了中国科学社社友会,钱崇澍作为主席报告了科学社近况,竺可桢则讲了观察日食的意义。

1942年2月14日,北碚天气奇寒,大雪纷飞,缙云山银装素裹,分外妖娆。气象研究所记录下的这次奇寒天气,是北碚自有气象记录以来的最低气温记录。

1942年7月16日,气象研究所在象庄修建的风仪台竣工,装置风向风速仪,北碚观测记录24小时风向风速自此开始。

在北碚的几年里，气象研究所在竺可桢的带领下，有了自抗战搬迁以来的长足进步，不仅运转有序，而且有了新的发展。

1944年5月1日，经竺可桢推荐，赵九章任气象研究所代所长。自此以后，竺可桢到北碚的时间就很少了。1946年4月12日，竺可桢最后一次到北碚，还专程到了北温泉。

1949年7月，竺可桢到北平参加全国科学工作者代表大会筹备会议。10月，出任中国科学院副院长。同时，他还担任科协副主席、中国地理学会理事长、气象学会理事长等许多学术界领导职务。中国科学院在建院初期，竺可桢全面领导了自然科学各方面的工作。他亲自主持筹建了中国科学院地理研究所。

竺可桢是第一位在我国高等学府讲授近代地理学的教师；他所创办的东南大学地学系，是我国最早的地理系；他所编纂的《地学通论》讲义，是我国最早的近代地理学教科书；他创办了我国第一个自己的气象学研究机构。

竺可桢不仅西学知识渊博，国学功底也极深厚，对各类文献无不广征博采。他生前发表的300多篇文章中，就有相当数量的科普作品，如《中秋月》《阴历与阳历》《说云》等，这些作品深入浅出，妙趣横生，多数可作美文阅读。

张自忠

张自忠(1891—1940),字荩臣,后改为荩忱,山东临清人,抗日名将、民族英雄。

张自忠出生时,其父按照张姓的辈分,"树"以下为"自",故而给他取名叫自忠,字"荩臣"。根据《诗经·大雅》所述,"自忠"与"荩臣",强调的都是"忠"。张自忠未曾辜负父亲的一番苦心,他的一生将"忠"发挥到了极致。他青少年时代就加入了同盟会,有感于当时的革命形势,意识到要挽救民族危亡,在学堂里埋头苦读是远远不够的,必须要有强大的武力,才有胜利的希望,于是决定弃学从军。

1916年,张自忠被好友车震举荐给冯玉祥,在冯玉祥的十六混成旅任中尉差遣,改名为"荩忱"。对于这两个字背后的含义,1939年张自忠在重庆接受大公报记者采访时解释说:"荩忱即忠臣,如今民国,没有皇帝,我们当兵的,就要精忠报国,竭尽微忱,故名'荩忱'。"[1]

---

[1] 王淮冰.张自忠殉国前的一席话[J].群言,1987(7):35.

张自忠在冯玉祥的西北军中历任营长、团长、师长等职。1933年,侵华日军大举进犯长城一线,二十九军受命在喜峰口、罗文峪一带抗击日军。张自忠任前线总指挥,率部迎击。二十九军日夜鏖战,日军难越雷池一步,终至"志气馁败"。喜峰口、罗文峪大捷打破了日军不可战胜的神话。

1935年,张自忠任察哈尔省主席,1936年兼任天津市市长。1937年抗战全面爆发后,张自忠临危受命,接替宋哲元出任冀察政务委员会委员长、北平市市长等职,忍辱负重,与日寇极力周旋,以拖延时间,让二十九军顺利转移至保定。之后又率军转战江苏、山东、安徽、河南、湖北等省,"一战淝水,再战临沂,三战徐州,四战随枣",英勇抗击日军,屡立战功。[1]

1940年4月中旬,日军集结重兵,在飞机、坦克的掩护下分三路再度进犯枣阳地区,枣宜会战正式拉开序幕。5月1日,张自忠写亲笔信给第五十九军各将领,勉励他们奋勇杀敌,为国尽忠:"国家到了如此地步,除我等为其死,毫无其他办法,更相信只要我等能本此决心,我们的国家及我五千年历史之民族,决不致亡于区区三岛倭奴之手。为国家民族死之决心,海不清,石不烂,决不半点改变。愿与诸弟共勉之。"

---

[1] 重庆市北碚区地方志编纂委员会.重庆市北碚区志[M].重庆:科学技术文献出版社重庆分社,1989:554.

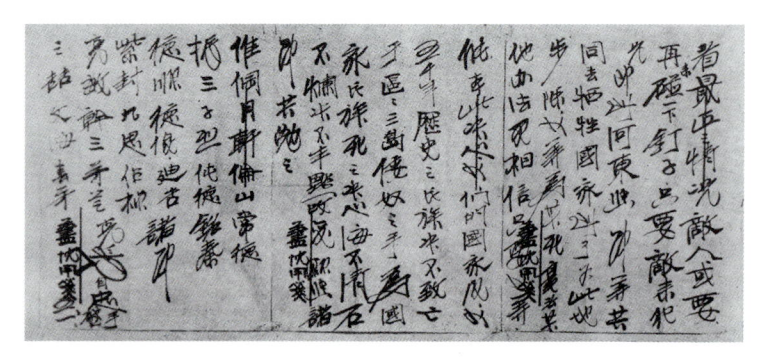

张自忠将军手书

当时张自忠虽为集团军司令,然而由于兵力分散,实际上直接率领的部队只有驻守在襄河西岸的两个团。因战事胶着,张自忠决定亲自过河督战。5月1日,东渡襄河的张自忠部两千余人奋勇进击,将日军第十三师团拦腰斩断,但旋即遭到日军的强力反扑。5月15日,张自忠所部一千五百余人被六千多名日军团团围住。日军疯狂进攻,切断了张自忠部的补给线,部队被迫撤离至南瓜店十里长山。日军一连发起九次进攻,战况异常惨烈,张自忠都沉着应对。5月16日下午,仍在南瓜店一线督战的张自忠身边仅存数人。张自忠见状心如刀绞,起身冲下山坡,连扣扳机,击毙数名日军。刹那间,日军机枪向他一阵猛扫,张自忠身中数弹,血流如注。弥留之际,张自忠平静地对下属说:"我这样死得好,死得光荣,对国家、对民族、对长官,良心都平安。"

张自忠将军殉国当晚,其部下趁着夜色突袭南瓜店,夺回了张将军遗体。遗体经宜昌运往重庆时,十万军民前来恭送,日军飞机三次抵达宜昌上空,军民无一人闪躲,无一人溃散。

张自忠将军英勇殉国后,蒋介石、冯玉祥等国民政府要员亲自前往朝天门码头迎接张将军灵柩,蒋介石在船上"抚棺大恸",在场者无不动容。

1940年7月7日,国民政府公布了张自忠将军壮烈殉国的消息,并发通电、褒奖令,追晋张将军为陆军上将。8月15日,延安各界代表举行追悼大会。朱德代表八路军全体指战员献上了花圈并号召全国将士学习张自忠将军的爱国精神。毛泽东为张将军题词"尽忠报国",周恩来为张将军题词"为国捐躯",朱德为张将军题词"取义成仁"。

11月16日,国民政府在举行的安葬仪式上确定,每年5月16日为张将军的"忌日",将其作为人们缅怀张自忠将军的日子,同时决定抗战胜利后,再移灵柩至南京。自从张自忠将军被安葬在北碚梅花山后,这里便成了"抗战必胜"的精神堡垒,前来凭吊的人络绎不绝。每逢5月16日张将军的忌日,国共两党都会在此举行隆重的纪念活动。1982年,中华人民共和国民政部追认张自忠上将为革命烈士。随后,党和政府又拨款重新修整了北碚梅花山的张自忠将军陵园。1985年,还在张将军墓前新建了张自忠生平事迹陈列馆,以供后人纪念和学习。

毛泽东为张自忠将军题写的挽词

陶行知

陶行知（1891—1946），原名陶文濬，安徽歙县人，国内外享有盛名的人民教育家、思想家，中国人民救国会和中国民主同盟的主要领导人之一。

1906年，陶文濬就读于耶稣教内地会传教士唐俊贤在歙县小北街兴办的崇一学堂，开始学习西方科学文化知识。1909年，他考入美以美会在南京创办的汇文书院博习馆（即预科）。次年，汇文书院合并宏育书院，更名为金陵大学，陶文濬从汇文书院预科升入金陵大学文科。在金陵大学就读期间，陶文濬潜心研究王阳明的心学，深受影响，遂取"知行合一"的教义，将自己的笔名署为陶知行，1934年正式改名为陶行知。1914年，陶行知从金陵大学毕业之后，赴美国留学，先后在伊利诺伊大学和哥伦比亚大学攻读政治学和教育学，师从孟禄、杜威等世界著名学者。1917年，陶行知从哥伦比亚大学毕业后回国，受聘任南京高等师范学校教授，后担任南京高等师范学校教务主任，并创办了晓庄学校、生活教育社等教育机构。

1939年2月，陶行知来到北碚，开始在这块风景秀丽、方兴未艾的文化王国施展教育梦想，挥洒爱国热情。他积极开展志愿从军运动，大力普及大众教育，并创办了育才学校，对北碚实验区的工作给予了很大帮助，为北碚地区教育事业的发展作出了巨大贡献。在接受《新华日报》记者采访时，他就直言不讳地说，"精诚团结是民族存亡的关键"。在办学实践中，陶行知继续践行在晓庄学校倡导的"社会即学校，生活即教育"方针。

刚到北碚时，陶行知就建议卢子英开展志愿兵运动，他以北碚的相关情况为基础，写了《兵役宣传之研究——晓庄研究所报告第二号》。他认为："中国人口众多，不怕没有兵。但是如何可以叫人愿意当兵，这是要有好几个办法同时实行出来，才能达到目的：例如下层政治机构民主化，出征军人家属有饭吃，受伤害病战士有人救，贪官污吏虐待能肃清，三平主义兵役能实行，抗战建国教育能普及。"[①]卢子英很赞同他的观点，随即就发起了兵役宣传活动。为了做好身为母亲、妻子的妇女们的思想工作，陶行知特地请来了东北抗日游击队队长赵侗的母亲赵老太太洪文国到北碚现身说法。赵老太太以他们一家三代打游击，坚持抗日斗争七年多的感人故事鼓励了台下众多妇女。他还请来"战区难童工作团""七七少年剧团"配合北碚游艺学生班，组成"抗日后援工作团"，到各乡镇演出抗日救亡戏剧，以扩大宣传动员效果。不到半月，北碚就掀起了从军热潮，出现了母送子、妻送夫、兄弟相送的动人画面。

---

① 陶行知.兵役宣传之研究[J].北碚月刊,1939,3(1):7.

1939年5月3日,北碚29个社会团体为首批出征抗日前线的267名志愿兵举办了一场盛大的饯行酒会。267名出征壮士胸前佩戴大红花,列队走在前面,他们的亲属和社会各界代表紧随其后,在雄壮的乐曲声和口号声中沿街游行至北碚体育场。场中150桌酒宴整齐排列,四周旌旗猎猎,锣鼓喧天,群情激奋,近2000人站立而食,共同祝酒壮行。各社会团体和知名人士纷纷送上锦旗和横幅,上面均是"精忠报国""还我河山""忠勇可风"等勉励之词。陶行知高举酒杯,登上讲台激动地说:"一杯酒,各位将士齐动手;二杯酒,日本鬼子要出丑;三杯酒,中华民族天长地久!"说完带头捐款50元,发起为志愿兵募捐活动。①之后,北碚社会各界还以义演、义卖、义捐等形式掀起募捐热潮,仅1939年,就募得捐款14539.05元。

　　5月25日,首批志愿兵乘轮船出川奔赴抗日前线,北碚各机关团体代表及数千群众聚集北碚码头,热烈欢送。仅1939年,北碚就动员了三批志愿兵奔赴抗日前线。据北碚历史档案记载,截至1940年3月,北碚全区共有19771户,97349人,但北碚仅在抗战期间就向前线输送了2400多名志愿兵。②

---

① 王洪.北碚:一场盛大的抗日出征壮行酒会[N].北碚报,2021-05-11(04).
② 重庆市北碚区地方志编纂委员会.重庆市北碚区志[M].重庆:科学技术文献出版社重庆分社,1989:165.

北碚抗日志愿兵

志愿兵运动全面展开之后，陶行知曾就北碚的抗日志愿兵运动写了8篇资料送给周恩来审阅，周恩来即刻指示印发各地以资倡导。同时，陶行知又着手筹划收养难童，为创办育才学校做准备。1939年夏，陶行知在北温泉主持生活教育社暑期共学会。当时，吴玉章正在北温泉休养，他们早在1938年2月出席伦敦世界反侵略大会时就已相识。当陶行知向吴玉章谈起创办育才学校的计划时，吴玉章表示热情支持，当即就成立了育才学校筹备处。1939年7月20日，育才学校借用北泉小学校址正式开学。同年10月，育才学校迁至草街子古圣寺。学校设专业组，有音乐组、戏剧组、绘画组、文学组、社会组等，开设有语文、数学、英语、哲学、常识等必修课，校内教职工约有60人，其中已有一些共产党人。

陶行知与中共育才地下支部交往密切,他聘请了大批党内同志和进步人士任教,宣传抗日救亡、传播革命思想。

1940年9月,抗战转入紧要关头。在这关键时刻,周恩来和邓颖超在《新华日报》社张晓梅的陪同下到北碚视察。陶行知汇报了育才学校的发展情况。周恩来指出,育才学校的前途是与国家、民族的命运紧密联系在一起的,在极端困难时要坚持工作,树立最后胜利的信念。周恩来还特地为育才学生捐款400元购买运动器材。

1943年,国统区物价飞涨,育才学校发展艰难,师生每日靠两顿稀饭维持生活。陶行知为此四处奔波,募捐筹款,还和郭沫若、冯玉祥、沈钧儒等靠卖字画为学校集资。但远水毕竟解不了近渴,为从根本上解决问题,陶行知带领育才学校师生大搞生产自救,开展"寸土运动"。育才师生在学校周围大范围开荒种田,保证了生活资料源源不断,在艰难岁月里创造了奇迹,形成了自强不息的育才精神。陶行知后来回忆育才学校的艰苦历程时说:"只要有富贵不能淫,贫贱不能移,威武不能屈的革命情操,九九磨难、十必克服。"①

抗战胜利后,陶行知响应党的号召,坚决反独裁、反内战、争民主,在上海一边参加领导民主运动,一边准备育才学校复员事宜。1946年7月中旬,陶行知惊闻昆明李公朴、闻一多被特务暗杀,并得知自己被国民党特务列入黑名单第

---

① 华弦.陶行知在北碚[G]//中国人民政治协商会议四川省重庆市委员会文史资料研究委员.重庆文史资料.第29辑.重庆:西南师范大学出版社,1987:149.

三名,自知身处危境,于是加倍努力工作,"等着第三枪",随时准备就义。7月16日,陶行知写信给重庆育才学校说,"为民主死一个就要加紧感召一万个人来顶补"①,不承想,这信竟成为他的绝笔之言。7月25日,陶行知患脑出血逝世,年仅55岁。

---

① 吴树琴.尽瘁民主事业直到最后一息[M]//安徽省陶行知教育思想研究会.陶行知一生.长沙:湖南教育出版社,1984:23.

张博和

张博和（1891—1983），四川江安人，北碚兼善中学第二任校长，主持兼善中学工作长达二十四年。

1923年，张博和从南开大学银行系毕业回川，先后在成都、重庆和江安县等地的中学任教。此间，张博和与卢作孚相识。卢作孚"打破苟安的现局，创造理想的社会"的理念与张博和振兴民族教育的志向一拍即合。二人志趣相投，惺惺相惜，结为挚友。

张博和（第二排中）

1932年，兼善中学校长郑献征另谋高就，卢作孚聘请张博和担任校长，并代理中国西部科学院院长兼总务主任。张博和的办学宗旨与兼善中学的建校初衷完全吻合，他立志要让"兼善"成为一所合乎时代需要的中学。在他看来，学生既是平民，也是生产者，是前进的，是强而有力的。他为兼善中学所写的校歌铿锵有力、振奋人心："不说一句虚话，不做一件假事，把一切艰难困苦都放在我们的肩上，加速的突进，去换来那未来世界的和平幸福。"

1932年落成的兼善中学教学大楼——红楼
（位于现北碚公园，为北碚美术馆）

张博和从新式学堂中学肄业，有着锐意改革的求新意识，在南开大学的商学学习，又使他具有了实干家的魄力。他集中一切资源在学校建起了一个五彩缤纷的小社会，各类活动丰富多样，使学生虽身处书斋却不拘囿于书斋。学校设有社会科学研究会、文学研究会、音乐研究会、读书会等学术组织，经常开展学术活动。学生中还组织有话剧团、川剧团等，经常开展歌咏比赛等活动。

张博和认为，"兼善"不仅仅是服务社会、历练身心，最本质的是培养学生善良仁爱、勇敢无畏的道德品格。学生课外活动则以劳动服务为主，如参与修建校舍、筑路、清扫公园和大街。学校附近发生火灾、水灾时，兼善师生就是救援队，校舍就是灾民安置点。20世纪30年代初，四川发生大旱灾，学校收容了二十多名难童，不仅无偿供给生活，还组织他们学习和劳动，并协助安排生计。这些行动为学校争得了口碑,当时重庆教育界流传着一句话:"舍得干,读兼善。"①

兼善中学创办初期资金匮乏,卢作孚提出自力更生、以实业养学校的办法。1940年,在民生公司的帮扶下,张博和筹建了兼善实业股份有限公司,并自任总经理,办起了兼善农场、兼善公寓、兼善餐厅等实业机构。公司秉承实干育人的兼善精神,将很多学生安排在公司上层或下设的单位实习、就业。位于西山坪的兼善农场首次成功引种了三峡西瓜、象牙香蕉等优良的农作物品种,很多农产品畅销重庆,赢得了可观的经济收益。张博和还亲自在西山坪选种培育了1.7万株油桐,这些油桐油质多、产量丰,被命名为"张氏油桐",后来推广种植到四川各县。在张博和的妥善经营下,兼善实业股份有限公司成为集工、农、学、商于一体的综合性经济实体,不仅为兼善中学的发展开辟了财源,还为北碚的经济发展作出了贡献。兼善中学也由开办时只有一个初中班发展到高初中各有六七个班、拥有学生六七百人的完全中学。

张博和早年在京津求学时就受到民主爱国思想的影响,在北碚这块高举"实业救国""教育救国"旗帜的热土上,他的爱国心、强国志更为坚定。抗战全面爆发后,他不仅支持革命活动和进步思潮,还带领兼善中学的学生开展了多种抗日宣传活动。校内成立了"突兀文艺社""七七少年团""救国会"等进步组织,四处表演宣传。学校也选聘了中共北碚中心县委书记李亚群,中共党员席明真、姜白文等一批有学

---

① 重庆市教育委员会.重庆教育志[M].重庆:重庆出版社,2002:824.

识、思想进步的教师到校执教。在中共地下党危难之际,张博和配合卢子英在兼善中学掩护了大量共产党员和进步人士。

1942年8月,北碚改为管理局后,建立了临时参议会,张博和被选为副议长。重庆解放前夕,张博和发动和带领兼善中学学生抵制反动势力的破坏行为,堵截残兵败将入境,奋力保护北碚家园,协助卢子英积极促成北碚和平解放。

北碚解放后,张博和继续担任兼善中学校长。1953年,张博和被选为北碚区政协副主席、北碚区人民代表和重庆市人民代表。1956年11月,当选为北碚区人民委员会副区长后,张博和正式离开学校到机关工作。1959年,他撰写《北碚志稿·历史部分》一部,共九章二十九节,计万余字。

经过多年艰苦创业,兼善中学逐渐形成了"艰苦诚朴,奋发进取,服务社会,造福人群"的兼善精神。"桃李满天下,巴渝多门生。"如今,兼善中学已经走过了近百年的历程,为国家建设和社会发展培养了一大批建设者和接班人,如国务院原总理李鹏的夫人朱琳、四川省原省长肖秧、重庆市政协原主席邢元敏、原成都军区副司令员蒙进喜、中国前驻英大使胡定一、著名作家杨益言等。

《孟子》有言:"穷则独善其身,达则兼济天下。"这样的胸怀和境界正是兼善中学办学的初衷所在,也是兼善师生倾力践行的信条。站在昨日与今天的交汇点上,张博和的名字在历史的迷雾中逐渐显现,将在"兼善"的校史上熠熠生辉,永垂不朽。

陈望道

陈望道(1891—1977),原名参一,笔名佛突、雪帆,浙江义乌人。中国著名的教育家、语言学家、翻译家,《共产党宣言》中文全译本首译者。

陈望道早年赴日本东洋大学、早稻田大学、中央大学学习文学、哲学、法律等科目。回国后,先后在浙江第一师范学校、复旦大学任教。

陈望道

陈望道是中国早期马克思主义传播者之一。1919年5月从日本留学归国后,陈望道受陈独秀之邀参与过《新青年》的编辑工作,还参加过《共产党》月刊的编务工作,之后主持创办了《民国日报》副刊《觉悟》、《妇女评论》以及《太白》等进步报刊,还筹建过左翼出版机构——大江书铺。1920年,陈望道完成了《共产党宣言》的翻译,这是《共产党宣言》的第一个中文全译本。同年8月,陈望道在上海加入共产主义小组,成为中共"一大"召开前,中国共产党58名早期成员之一。①

1940年秋,陈望道经香港转赴重庆,进入迁到北碚的复旦大学中文系继续任教,讲授逻辑学和修辞学等课程。为鼓舞学生团结一心、抗敌救国的决心,陈望道将复旦大学所在的下坝更名为"夏坝"。"夏"象征蓬勃旺盛,寄寓复旦大学同华夏大地一样将在战火中屹立不倒,涅槃重生。

陈望道重返复旦大学时,正值吴南轩就任代理校长、教务长孙寒冰在日机轰炸中不幸遇难、校舍亟待重建的特殊时期。陈望道暂时担任教务长和训导长一职,半年后辞去。1942年,陈望道接替程仓波担任复旦大学新闻学系主任。陈望道提出"好学力行"的系铭,要求学生"学"与"行"并重,此举推动了新闻学系的系风转变。在陈望道的带领下,复旦新闻通讯社(简称"复新通讯社")活动更加频繁,每周的"新闻晚会"以分析时事、讨论问题、研究学术为主,热闹非凡。

陈望道在培养新闻学专业的学生时,反对闭门造车,他认为无论是专业知识的获取,还是职业素质的养成,都不应拘泥于校园。在教学实践中,他经常利用自己的社会影响,邀请知名新闻人和老报人前来讲授新闻业务课,如时任《新华日报》编辑的戈宝权就来做过"苏联新闻事业"的报告。这些活动一方面拓宽了师生的专业视野,提高了他们的业务水平,另一方面也加强了学校与新闻业务部门的合作。

1944年,陈望道在复旦大学校园募捐筹建了复旦新闻

---

① 中共中央党史研究室.中国共产党的九十年——新民主主义革命时期[M].北京:中共党史出版社,2016:29.

馆,新闻馆于4月5日举行了隆重的落成典礼。于右任在落成典礼上发表了演讲,他说道:"复旦同学的尽力革命,以从事新闻为最多,而复旦同学的创造中国新闻,使之革命化,以民国以前为最力。其所以数十年不息者为自由的中国,更为中国的自由,这是我们校史上十分光荣的事实。"[①]当天《新华日报》也发来了"为新闻自由而奋斗"的贺电。[②]新闻馆内设有编辑室、印刷室、图书资料室、会议室以及收音广播室共十余间,门上贴有"复旦新闻馆,天下记者家"的对联。"复新通讯社"也迁移至此。因为收音广播室内可以收听到延安的广播,复旦大学师生将这座小小的新闻馆称为"夏坝的延安"。

  陈望道治学严谨,对学生要求严格,惜才如命。1944年,复旦大学在重庆招生,作文有两道题目,一道是白话文作文,题目为《秋夜》,另一道是文言文作文,题目是《大道之行,天下为公》,各占50分,要求应试者在两小时内用毛笔完成。湖南青年张啸虎报考新闻学系,他的作文获得了满分,这在复旦大学的考试史上是前所未有的。但可惜的是,他数学考了零分。按照录取条例,主科有一门零分是不予录取的。陈望道特别看好张啸虎的语言文字功底,认为他已经具备了新闻学系学生的基本素养,笔下才思深厚,不录取实在有些可惜。在招生校务会上,他据理力争,学校决定打破常

[①] 于右任.新闻自由万岁!中华自由万岁![M]//于右任.右任文存.北京:海豚出版社,2015:71-72.

[②] 邓明以.陈望道传[M].上海:复旦大学出版社,1995:182.

规,破格录取张啸虎。2009年,复旦大学破格录取三轮车夫蔡伟为古典文献学专业的博士研究生,一时引起轰动,社会各界纷纷拍手叫好。殊不知在六十多年前,复旦大学就有了这样的先例。

20世纪30年代的国立复旦大学校门

抗战时期,复旦大学是重庆进步学生运动的联络中心,新闻学系是全校红色最深的一个系。陈望道在复旦大学任教八年,一直秉承"宣扬真理,改革社会"的新闻精神,将新闻学系办成了一个国统区的红色民主堡垒。老报人李光诒对陈望道主持下的复旦大学新闻学系有过高度评价:"陈氏接掌两年以后,锐意整顿,旧日规模渐次恢复。……近更极谋新闻馆之兴建,俾成立印刷所,发行报刊,充实图书设备,以期蔚为全国新闻学术与新闻教育之重镇。"[①]其实何止是复旦大学的新闻学科,陈望道本人从早年倡导妇女解放,投入"大众语文改革",到晚年主编《辞海》,一直为中国文化的自由努力着,取得了"著作遍海内,桃李满天下"的突出成就,展现出哲人风骨、学人气质和师者风范。

抗战胜利后,陈望道随复旦大学回迁上海,继续担任新闻学系主任,直至1950年7月。1952年9月起,陈望道担任复旦大学校长。

[①] 邓明以.陈望道传[M].上海:复旦大学出版社,1995:184.

郭沫若

郭沫若（1892—1978），原名开贞，笔名郭鼎堂、沫若等，四川乐山人，他在文学、历史、古文字、考古学等多个领域卓有建树，是中国新诗的奠基人之一、中国历史剧的开创者之一、甲骨学"四堂"①之一。

郭沫若1914年留学日本，学习医学，后弃医从文，和成仿吾、郁达夫等人创办"创造社"，很快在中国文学界崭露头角。郭沫若曾多次到北碚，在此留下了不少诗作。

1937年，抗战全面爆发后，在日本流亡十年的郭沫若，只身踏上归国之途。回国后，在周恩来的劝说下，接受了国民政府军事委员会政治部第三厅厅长一职。1939年，郭沫若随第三厅从武汉迁往重庆，在沙坪坝小住几日便到北碚会见嘉陵江三峡乡村建设实验区区长卢子英。

早在1923年，郭沫若和卢子英就有过一面之缘。这次故友登门，卢子英万分欣喜，亲自带郭沫若观碚石激流，览

---

① 四堂：罗振玉（号雪堂）、王国维（号观堂）、董作宾（字彦堂）、郭沫若（笔名鼎堂）。

庙嘴风光。晚上,卢子英邀请郭沫若在实验区署作报告,郭沫若慷慨激昂、意气风发,详细讲述了他从武汉撤出的经历和沿路驻防抗日将士浴血奋战的情况,还从历史学的角度论证了"日本必败,中国必胜"的真理。这让北碚实验区署的职员和北碚民众精神大振,信心倍增。这时,夏日酷暑已过,落叶翩翩,秋高气爽,江流如带。北碚秀丽的山川、旧友重逢的喜悦让他诗兴大发。在当晚的娱乐晚会上,郭沫若特意为卢子英作诗一首:

> 廿六年前事,轻舟此地过。
> 微闻有温瀑,未得入烟萝。
> 半世劳尘想,今宵发浩歌。
> 感君慷慨意,起舞影傞傞。①

第二天,两人同游温泉公园,郭沫若在千顷波沐浴后,随即就有一首五律《晨浴北碚温泉》②,"洋洋融暖玉,浩浩走惊雷"脱口而出。

1940年盛夏,山城重庆像一座火炉,日机每日"乐此不疲"地光顾,民众犹如热锅上的蚂蚁,燥热不堪,整日恐慌不安。但在离城60公里远的缙云山,却是林荫蔽日,清凉可羡。7月31日上午,郭沫若陪同法国领事扬克列维奇夫妇来到缙云山,饱览缙云景色。中午,路过缙云寺时,受到住持

---

① 郭沫若.郭沫若全集·文学编:第2卷[M].北京:人民文学出版社,1982:388.
② 诗云:"峡气朝凝爽,山泉亲发酷。洋洋融暖玉,浩浩走惊雷。岸岭窥轩立,篷舸逐浪回。浴余尘念净,即此胜如来。"参见郭沫若.郭沫若全集·文学编:第2卷[M].北京:人民文学出版社,1982:394.

和尚太虚法师的邀请,饮茶休息。他们在参观汉藏教理院的陈列室时,太虚法师拿出留言簿,邀郭沫若题诗。郭沫若翻开第一页,上面是藏经楼客堂内挂着的太虚法师的两首诗,后面几页上有冯玉祥、老舍的题词,还有一首田汉的七绝。郭沫若受到启发,也想和诗一首,忽听警报传来,只得先避空袭。日机轰炸过后,郭沫若挥笔写下:

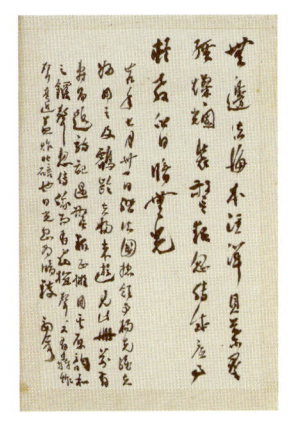

郭沫若手迹

无边法海本汪洋,贝叶群经灿烂装。
警报忽传成底事,顿教白日暗无光。

1941年,皖南事变爆发后,郭沫若接到要在北碚公开设立《新华日报》发行站的任务,立即提笔写信告知卢子英。在卢子英的支持下,《新华日报》社租用北碚广州路46号民房设立了北碚发行站。第二年,发行站迁到天津路8号,一直到抗战胜利。报纸的发行量也从原来秘密发行的三四十份,增长到1000多份,最多时超过2000份,发行范围覆盖了川东、川北很多地区。

1942年4月21日,郭沫若受邀到复旦大学讲学,午饭过后,卢子英邀其作有关抗战时期的文学艺术问题的演讲。郭沫若认为中国旧文学中有很多伟大的作品,需要继承它们的优良传统,而新文学还在发展中,需要作家们的努力。那段

时间,北泉图书馆正在举办白屋诗人吴芳吉的遗稿展览会,郭沫若意趣盎然,前往观展,看罢便作《题吴碧柳手稿》一诗,诗云:

> 廿年前眼泪,今日尚新鲜。
> 明月楼何在?婉容词有笺。
> 灿然遗手稿,凄切拂心弦。
> 幸有侯芭在,玄文次第传。[①]

6月3日,郭沫若与卢子英同游合川钓鱼城,郭沫若对钓鱼城的历史慨叹不已,作《钓鱼城怀古》以抒感触:

> 魄夺蒙哥尚有城,危崖拔地水回潆。
> 冉家兄弟承璘玠,蜀郡山河壮甲兵。
> 卅载孤撑天一线,千秋共仰宋三卿。
> 贰臣妖妇同祠宇,遗恨分明未可平。[②]

为感谢卢子英的陪同,郭沫若还将新作长诗《水牛赞》写成横幅赠送,以示朋友之谊。卢子英将其视作珍宝,翻印后,在北碚地区广为散发。

1942年春天,郭沫若五幕历史剧《屈原》的演出在重庆城区遭到国民党特务的刁难和破坏,被迫停演。4月底,卢子英邀请阳翰笙携中华剧艺社成员到北碚公演。6月28日,《屈原》在北碚正式上演,现场盛况空前,就连江北、巴县、璧

[①] 郭沫若.郭沫若全集·文学编:第2卷[M].北京:人民文学出版社,1982:290.
[②] 郭沫若.郭沫若全集·文学编:第2卷[M].北京:人民文学出版社,1982:275.

山、合川等地的民众,也纷纷赶到北碚看戏。这天夜晚,久雨初晴,明月高悬,凉风习习,长空一碧,浩瀚无际。民众会场人头攒动,热闹非凡。卢子英安排人员维护会场秩序,防止特务搞破坏。演员精彩的表演赢得阵阵掌声。原定上演四场,后因观众强烈要求,又加演一场。

抗战时期在重庆公演的话剧《屈原》剧照

1944年春,郭沫若同阳翰笙到北碚看望老舍。此时,老舍正在带病奋书《四世同堂》,郭沫若见此状,感动不已,为表敬慕之情,吟赠老舍五言诗一首:

吾爱舒夫子,文章一代宗。
交游肝胆露,富贵马牛风。
脱俗非关隐,逃名岂畏穷?
国家恒至上,德业善持中。

> 寸楮含幽默，片言振聩聋。
> 民间风广采，域外说宏通。
> 健步谢公屐，高歌京洛钟。
> 更因豪饮歇，还颂后雕松。①

新中国成立后，郭沫若历任中央人民政府委员、政务院副总理兼文化教育委员会主任、中国科学院院长兼哲学社会科学部主任、中国文联主席等职，还完成了历史剧《蔡文姬》《武则天》、论著《李白与杜甫》等。他在1956年和1960年还两次回访北碚，重温弦歌岁月。1957年，西南师范学院《桃园》杂志函请郭沫若题写刊头，郭沫若不仅慷慨应允，还附赠了一首《桃园花正开》。1960年2月1日，郭沫若偕二子同游北泉公园，饱览了北泉、缙云风光之后，下榻数帆楼，激昂挥笔作诗：

> 微惜黄梅老，红梅正发花。
> 嘉陵澄翡翠，铜殿窜龙蛇。
> 猛虎闻歼尽，飞蛾待护加。
> 泉温鱼意乐，罗汉有新家。②

---

① 郭沫若.郭沫若全集·文学编:第2卷[M].北京:人民文学出版社,1982:203.
② 郭沫若.郭沫若全集·文学编:第4卷[M].北京:人民文学出版社,1984:354-355.

卢作孚

卢作孚（1893—1952），原名卢魁先，别名卢思，重庆合川人，近代著名爱国实业家、教育家、社会活动家、社会改革家，民生公司创始人，中国航运业先驱，被誉为"中国船王""北碚之父"。

1893年4月，卢作孚出生于四川省合州（1913年改合川县，今重庆合川区）。因1925年创办"民生"轮船公司（全称"民生实业股份有限公司"，下文亦简称"民生公司"），首开中国航运，故有"中国船王"之称。1927年，卢作孚出任江（北）、巴（县）、璧（山）、合（川）四县的峡防团务局局长。他秉承"化匪为民，寓兵于工，建设三峡"的宗旨，以开天辟地、破旧立新的胆识和魄力，带领北碚人民开启了一场轰轰烈烈的乡村建设运动。

1930年3月8日，卢作孚带领由民生公司、北碚峡防局和北川铁路公司职员组成的考察团在重庆乘轮东下，开启了近半年的考察之旅，为北碚的发展建设带回了宝贵经验。

民生公司的第一艘轮船"民生"轮，1926年7月28日首开渝合航线

返碚后，卢作孚推出了"一办交通，二办实业，三办教育"的发展方针。中国西部科学院的创立就是极具标志性的成果。卢作孚经过一番筹备，于1930年9月正式创立了中国西部科学院，院址最初设在北碚火焰山东岳庙，1934年迁建文星湾。其创立标志着西南地区向科学进军的开端，为北碚的科学教育发展提供了重要平台。中国西部科学院内设理化、农林、生物、地质四个研究所，并将1928年成立的峡区图书馆（后改为民众图书馆）、1930年创立的峡区博物馆和兼善中学纳入其中，统一管辖。卢作孚主张开发性和应用性的研究，先后派出大批人员深入峨眉山、越西县等地考察矿产、调查动植物、采集标本。经过不断的考察研究，中国西部科学院的科学家们发现了大量的煤铁和有色金属矿藏，还留下了我国大熊猫研究和现代地震学研究的最早记录。

抗战时期,北平、上海、天津、南京各地学术机构、机关团体迁到北碚,卢作孚热情相迎,将中国西部科学院的房屋和自己的私宅无偿贡献出来,让诸多学术机构迁入其中,并提出共用研究设备、仪器、图书、标本和药品。迁入的学术机构和随行的科技人才为中国西部科学院也带来了诸多技术指导,经过长时间的汇聚、联合、协作,北碚的科研、教育、文化资源得到开发和拓展,中国西部科学院的科研队伍也逐渐壮大。

卢作孚充分认识到,内迁学术机构给北碚文教科研事业的发展带来了全新的机遇。经过与迁入北碚的科研机构商议,1943年10月,中国西部科学院与十多所科研机构联合组建了中国西部科学博物馆。此后,中国西部科学院与中国西部科学博物馆协同发展,两翼齐飞,科研实力雄厚,成果卓著,声名远播,成为重庆乃至整个西部地区重要的科研机构。抗战结束后,内迁科研机构回撤,中国西部科学院和中国西部科学博物馆继续发展,为北碚的战后建设、工业发展和科学研究培养了大批人才。

在交通方面,卢作孚以民生公司为依托,大力发展航运。开通渝合航道之后,卢作孚采取化零为整的策略,将长江上游十余家小型轮船公司收编,并入民生公司,与外国轮船公司相抗衡。1935年,他一举统一了长江上游航运,重创了称霸长江上游的外国轮船公司。到抗战全面爆发前夕,民生公司的轮船数量、运载吨位和职工人数都在全国民族航运企业中独占鳌头。

1938年10月,武汉失守,日军大举进犯岳阳、襄阳,对内迁入川的咽喉要道宜昌形成了合围之势,兵工企业内迁大受影响。在本国轮船动力不足,外国轮商借机抬高运费,川江枯水期将近,宜昌无人坐镇的危难之际,时任国民政府交通部常务次长兼运输联合办事处主任的卢作孚挺身而出,经过日夜鏖战,在40天内就完成了计划中一年要完成的运输任务,创造了中国实业史上的"敦刻尔克大撤退"。除了代表当时国家民族工业的精华和近十万吨兵工、航空、重工、轻工设备器材,此次抢运还运送了滞留在宜昌的大批难民、伤病员以及数十所内迁院校的师生和珍贵的文物。

面对匪乱成风、民生难安的混乱局面,卢作孚通过大力开展文化教育活动来进行社会改造。他兴办的"民众教育办事处"和"民众会场",开四川民众文化教育之先河。他引进在教育领域有革新精神的人才,创立了"实用小学"和"兼善中学"。他还通过开辟体育场,设立图书馆,建立宣传栏及其他种种文娱活动,从身心两个维度来移风易俗。在北碚这座小城,他设立的图书馆就有三所。1946年,卢作孚将民生公司图书馆、民众图书馆和中国西部科学院图书馆合并成立北碚图书馆,藏书多达二十余万册,比当年设在重庆两路口的罗斯福图书馆还多出一半以上。

在社会公用设施和医疗卫生方面,卢作孚也带领北碚走在了前列。电话在当时只有县级及以上单位才有资格和能力配备,一般单位都无力安装。卢作孚却把电话线由合川牵到了北碚,给峡防局装上了电话,大大提高了通信速度,引导北碚迈上了现代化的新台阶。嘉陵江水量丰富,雨季河道容易堵塞,峡防局就在河边石壁上刻画水位表,并运用科学的方法和技术观测水位、清理河道,减少洪涝灾害的影响。农村医疗水平低下,缺少医学专业人才,许多人因天花而死。卢作孚就让峡区地方医院免费给北碚人民接种牛痘,讲解医学知识,带领民众认识西医、相信医学。

卢作孚虽然身居高位,却勤俭朴素,以身作则,吃、穿、住、行从不讲究。他为北碚的建设事业付出了一切。他说:"自己现在是办实业的,但实际上是一个办教育的,几乎前半生的时间,都花在办教育上,而现在所办的实业,也等于是在办教育,是想把事业当中全部工作人员,培养起来,提高他们的技术和管理能力。"[①]北碚的乡村建设运动正是以"教育救国"为灵魂,"实业救国"为支柱,在经济、教育、医疗卫生、文化等领域多措并举实现的。

卢作孚成就了北碚,北碚也成为他抗日救国的坚强后盾。"九一八"事变之后,日本全面侵华的野心已昭然若揭。为了防患于未然,1932年初,卢作孚以北碚各机关团体、企事业单位的名义署名发表了《成立北碚抗日救国义勇军宣言》,并于同日成立了北碚抗日救国义勇军,毅然肩负起总指挥的重任。之后,他还将少年义勇队和峡防局职员编入其中,集中进行军事训练,以作抗日后援,以期中日一旦宣战,义勇军能够开赴前线,抗击日寇。

离开北碚之后,卢作孚依然牵挂着北碚的建设,每星期

---

① 卢作孚.卢作孚自述[M].合肥:安徽文艺出版社,2013:241.

总能在百忙之中抽出时间到北碚指导工作。1952年,卢作孚与世长辞。如今,我们站在嘉陵江畔,临江远眺,江水拍打着碚石,不断溅起水花,一激一荡,像是在细数着卢作孚在北碚的日日夜夜,诉说着北碚的悠悠历史。

梁漱溟

梁漱溟(1893—1988),原名梁焕鼎,字寿铭,蒙古族,广西桂林人。中国著名的哲学家、教育家、社会活动家、国学大师、爱国民主人士,现代新儒家的早期代表人物之一,有"中国最后一位大儒家"之称。

梁漱溟出生于北京,自幼接受西学。1912年,他担任《民国报》记者时,报刊总编辑孙炳文为他拟笔名"漱溟",从此他便更名为梁漱溟。抗战时期,梁漱溟在北碚这片大后方的土地上播下了他教育建设的种子,收获了累累果实。20世纪40年代,梁漱溟将勉仁中学搬迁到金刚碑之后,又创办了勉仁书院,在其基础上创办勉仁国学专科学校,后改为勉仁文学院。

勉仁,即取"勉以行仁"之意,梁漱溟早年在北大任教时,把他在清华园的借住之处称为"勉仁斋"[①],后来扩大为梁漱溟师友团体的代名词。1926年起,勉仁斋师友团体跟随梁漱溟在各地开展乡村建设活动和兴办教育事业,逐渐成为一支"以文化兴国"为目标的强有力的队伍。1938年,勉仁师

---

① 梁漱溟.思亲记[J].清华周刊,1925(2):59.

友团体跟随梁漱溟入川,成为创办北碚"勉仁学系"的先导。

1940年1月,梁漱溟拟就《创办私立勉仁中学缘起及办学意见述略》,其中提出了导师制办学方式。导师制及学习小组制的方针不仅在勉仁中学施行,也贯彻在梁漱溟创办的所有勉仁系列学校中。勉仁斋师友团体中的钟芳铭是璧山人,办学之事由他联络,获得当地支持,勉仁中学的校址就选在了璧山来凤驿,1940年秋正式开学,学校分设初中和高中两部。梁漱溟为董事长,陈亚三为校长。学生入学均要经过严格的考试。梁漱溟的两个儿子梁培宽、梁培恕就读于初中部,与班上同学同吃同住。此时,勉仁书院也在初步筹建。

梁漱溟在北碚写作(20世纪40年代)

1941年,学校扩招,师生校舍难以解决,"因校址狭小,不便扩展"[1],秋季开学时勉仁中学迁往北碚金刚碑。梁漱溟在北碚兴办勉仁学校,得到卢作孚、卢子英兄弟的支持,他们以北碚地方政府的名义给勉仁学校捐资3万元。勉仁

---

[1] 勉仁中学迁移北碚[J].师友通讯,1941(6):4.

中学以弘扬中华优秀传统文化,继承中国优秀文化遗产为办学目标。梁漱溟自编经典导读讲义作为教材,让学生从《论语》学起,了解儒家先哲的言行思想和修身齐家治国平天下的主张。

  1946年8月,张俶知、陈亚三等人在缙云山的支脉五指山创办了勉仁国学专科学校,后来迁至勉仁中学明远阁,1948年8月再迁至北温泉附近的松林坡,并以此为基础成立了勉仁文学院。梁漱溟任董事长兼院长,并亲自授课。学校分设中国文学、历史、哲学三系,秉承研究中国文化问题,认识旧中国、建设新中国的宗旨。勉仁文学院汇集了一大批著名的教授和学者,除梁漱溟外,1949年冬,在学院任教的教授还有陈亚三、邓永龄、罗庸、李源澄、吴宓、杨砺坚、曹慕樊、侯思恭、杨中慎、张之伟、孙伏园等优秀学者。相比于勉仁书院,勉仁文学院可以看作是一种不同于普通文科大学的

1948年下学期勉仁文学院历史系师生合影

新试验。

在北碚办学期间,梁漱溟在学校附近开办了勉仁农场,在勉仁中学和勉仁学院附设有不定期开课的勉仁农工文化学校。以梁漱溟为主导的勉仁斋师友团体在北碚形成了集中学、大学以及教育、科研于一体的办学体系,推动了北碚以教育为蓝本的乡村建设运动。

梁漱溟在北碚十余年,潜心治学著述,勤耕教育。他兴盛了北碚的教育,北碚也成为他最深的眷恋。他在北碚完成了其重要著作《中国文化要义》的著述。除了办学、著述之外,梁漱溟在北碚期间还积极投身民主运动,参与了中国民主同盟(简称"民盟")的组建和日常工作。1939年11月,梁漱溟作为乡建代表参与发起组织"统一建国同志会"。1941年,皖南事变后,统一建国同志会演变、扩大为"中国民主政团同盟"(1944年改名为"中国民主同盟"),梁漱溟当选为中央常务委员。在解放战争时期,梁漱溟代表民盟赴昆明调查李公朴、闻一多被杀案,为解救被捕的民盟成员和进步人士四处奔走,彰显出他的浩然正气和爱国情怀。

1988年6月23日,梁漱溟在北京逝世,灵堂正门两侧悬挂着很大一副隶书对联:"百年沧桑,为国救民;千秋功罪,后人评说。"横批为"中国的脊梁"。启功撰写的挽联则是对梁漱溟生命不息,思考不止,特立独行的精到总结:"绍先德不朽芳徽,初无意,作之君作之师,甘心自附独行传;愍众生多般苦谛,任有时,呼为牛呼为马,辣手唯留兼爱篇。"①

---

① 宛小平.印象梁漱溟[M].合肥:安徽文艺出版社,2010:107.

孙越崎

孙越崎（1893—1995），原名毓麒，浙江绍兴人。著名的爱国实业家、社会活动家，中国现代能源工业的奠基人之一，被尊称为"工矿泰斗"。

孙越崎从青年时代起就投身反帝反封建的爱国民主运动。五四运动期间，他作为北洋大学学生会会长，积极参与发动组织天津学生罢课游行，被校方开除。后经蔡元培帮助，转入北京大学矿冶系学习，1921年毕业。1929年至1932年，在美国斯坦福大学和哥伦比亚大学深造，并到英、法、德、苏联等国考察油矿、煤矿。回国后，曾任陕北油矿、河南焦作煤矿、重庆天府煤矿、甘肃玉门油矿等总工程师或总经理，国民党政府资源委员会副委员长、委员长，经济部部长。新中国成立后，历任政务院财经委员会计划局副局长、开滦煤矿总管理处副主任、煤炭工业部顾问等职。

1937年"七七事变"后，日本帝国主义大举发动侵华战争。当时孙越崎在焦作中福煤矿任总经理，面临焦作沦陷、煤矿被日机轰炸的危险，他认为焦作煤矿必须搬迁，绝不能让日本人利用,决心将中福煤矿公司西迁。

1938年3月,孙越崎在时任国民政府经济部部长兼资源委员会主任翁文灏家中,与正在指挥民生公司抢运的卢作孚认识,双方一拍即合,达成中福煤矿公司与天府煤矿公司联合的初步协议,决定重组天府煤矿公司。在卢作孚的倾力支持下,中福煤矿公司设备及人员由民生公司轮船整体迁到北碚。中福煤矿公司迁到北碚后,就落脚在金刚碑古镇。同年5月1日,中福煤矿公司与天府煤矿公司合并改组,发展成为大后方最大的煤矿——天府矿业股份有限公司,卢作孚任董事长,孙越崎任总经理,把北川铁路纳入新公司,实行"路矿合一"。

孙越崎在天府矿业股份有限公司内部建立起较为科学的组织系统,总公司对董事会负责,管理多个矿厂,在矿厂内再设运输股、材料股、会计股、诊所、事务股、文书股、矿务股、机电股、土木股、运转股、船运股等11个部门,以较高的事务处理能力保证了矿厂的顺利有效运转。在他的努力下,天府煤矿技术改造升级取得巨大成功,年产量达到50万吨。天府煤矿还建成了发电厂、机修厂、造船厂、炼焦厂、水泥厂。到1945年,天府煤矿拥有煤船283艘,矿山铁路16.5公里,煤车116辆,成为中国西南最大的煤矿企业,为抗日战争时期重庆乃至西南地区的能源供应发挥了重要作用。

1941年3月,孙越崎出任甘肃油矿局总经理。当年12月,他奔赴祁连山下,在异常艰苦的情况下主持玉门油矿的开发。1942年,玉门油矿生产汽油180万加仑,重庆用上了中国产的汽油。1944年,美国空军从成都起飞轰炸日本东京的飞机,地勤用油就是玉门油矿生产的。由于在天府煤矿和玉门油矿的贡献,孙越崎被人戏称为中国的"煤油大王",但他却从未领过玉门油矿一分钱的工资,只是兼职而不兼薪,只领天府煤矿一份工资。

孙越崎一生中还遇到一次有关企业搬迁的大事,只不过这次不是搬迁,而是拒搬。

解放战争时期,面对蒋介石坚持内战、独裁和国民党贪污腐败,孙越崎以民族大义为重,毅然站到共产党、人民革命一边。1948年10月,他以资源委员会委员长身份,在南京召开重要工矿企业和部门负责人秘密会议,确定"坚守岗位,保护财产,迎接解放,办理移交"方针。在中共地下党帮助下,冒着生命危险,组织员工开展护厂、护矿斗争,拒绝执行蒋介石关于拆迁资源委员会所属工厂设备去台湾的命令,将所属近千个大、中型厂矿企业及3万名科技、管理人员完整地移交给共产党。

1949年5月,发现自己的爱国行动被国民党察觉后,孙越崎立即辞去在国民党政府中所任职务去香港,公开与国民党决裂。到香港后,他发动资源委员会设在香港的国外贸易事务所员工开展斗争,组织"保护矿产品委员会"(当时国外贸易事务所存有大批战略物资,钨、锑、锡、汞等矿产品),并于1949年11月14日通电全国宣告起义,保护了大量稀有矿产。

1950年,孙越崎加入中国国民党革命委员会,历任民革河北省主委、中央常委、中央副主席、中央名誉主席。

中共十一届三中全会以后,已届耄耋高龄的孙越崎,仍壮心不已,奔走于大江南北、长城内外,深入开展调查研究,积极为经济建设和改革开放献计出力,提出了许多真知灼见,为国家和人民奋斗到最后一息。其忠贞不渝之爱国思想、脚踏实地之敬业精神、清廉朴素之生活作风,堪称典范。

吴宓

吴宓（1894—1978），字雨僧，笔名余生，陕西泾阳人。学者、诗人、教育家、清华大学国学研究院创办人之一，被称为中国比较文学之父，与陈寅恪、汤用彤并称"哈佛三杰"。

吴宓青少年时代接受过良好的教育。1910年，清政府诏令各省提学使招考优秀学童入学，他在西安参加初试和复试，以优异成绩被录取。在入学复试中，他在全国400多名入校生中考取第二名。

青年吴宓

1917年9月，吴宓到美国留学。他先进入弗吉尼亚大学学习文学，后转学到哈佛大学。1918年，在哈佛大学经友人介绍，认识了先期来哈佛留学的梅光迪。两人谈起中国文化，颇为契合，彼此有相见恨晚之感。经梅光迪引荐，吴宓免考直接转入哈佛大学比较文学系，师从白璧德和穆尔等著名教授研习比较文学、西方文学和哲学等。正是在哈佛求学期间，吴宓形成了他终其一生始终抱持的"提倡道德、扶持社会"①,"发挥国有文明,沟通东西事理"②的文化观念。

1921年,吴宓学成归国,在南京高等师范学校(东南大学前身)任英国文学教授。1922年,东南大学西洋文学系成立,他担任该系教授,讲授"中西诗之比较"等课,开中国比较文学研究之先河。

在当时一派西化的鼓吹声中,吴宓诸人维护着中国传统文化的价值。虽然他捍卫传统文化的主张颇为保守,却是对五四新文化激烈态度的某种纠偏,至少这种反对言论的存在本身,丰富了当时的思想文化图谱,是后人理解五四前后中国历史文化脉络不可忽视的重要参照。

在文化思想上倾向保守,在生活中吴宓身上却充满了浪漫主义色彩,他天真而富有感情,对待学生和朋友极具绅士风度。吴宓和学生在大街上行走时,只要遇到马车过来,他总是奋不顾身地举起拐杖,让女同学先走进人行道,这才放马车行走。

1949年4月底,吴宓飞往重庆。到重庆后,先在重庆大学任教,秋冬时,又兼了四川省立教育学院教职。1950年,吴宓到北碚,在梁漱溟主持的北碚勉仁文学院任教,同时在相辉学院兼课。

---

① 吴宓.吴宓日记(第1册)[M].北京:生活·读书·新知三联书店,1998:312.
② 吴宓.吴宓日记(第1册)[M].北京:生活·读书·新知三联书店,1998:410.

西南大学雨僧楼及楼前的吴宓塑像

  吴宓作为一位杰出的教育家,热爱祖国的教育事业。新中国成立后,他来到新建的西南师范学院,执教于外语、历史、中文三系二十余年,为祖国培养了成百上千的社会主义建设人才。当时刚解放,办学条件较差,各方面都不如北京,但他谢绝了友人请他回京任教的邀请,表示:"四川(西南)学生一样聪敏好学,而需要一位西洋文学通博详实而又授课讲解认真且得法之好教授乎?目前具此资格者在重庆(在西南全区)实只有宓一人,是故为国家计,直应遣派宓驻此地区。"[①]为了西南师范学院的发展,1956年春,他主动将他多年珍藏的英、法、德、俄、意大利、西班牙等文的图书(其中不少早已绝版,在国外亦属珍本)共约1000册从北京运来,并亲自用汉语逐册译出书名,撰写各书内容提要以及作

[①] 胡国强.忆吴宓先生晚年在西南师范大学[G]//李继凯,刘瑞春.追忆吴宓.北京:社会科学文献出版社,2001:329.

者简历,然后全部捐赠给西南师范学院图书馆。加上前后所捐国内出版的图书,他共捐赠了3000册图书给西南师范学院图书馆,丰富了西南师范学院图书馆的藏书,为促进西南师范学院的教学和科研发展作出了不可估量的贡献。

吴宓一生诲人不倦,有教无类,即使对那些曾经犯过错误,甚至直接伤害过他的晚辈或同事,也能平等相待,竭诚以对。1977年1月,83岁的他一目失明,一腿残跛,晚景凄然,但一向大方的他还是拿出大部分工资接济亲朋和困难的教师。周锡光曾深情回忆说,在20世纪70年代初期的寒暑假,他多次向吴宓请教,与之朝夕相处,如坐春风,聆受教诲,获益良多。[①]

1977年1月8日晨,雨雪弥漫,吴宓在家人的陪伴下感慨万端地离开了西南师范学院文化村,离开了北碚。漂泊了六十余载的游子终于回到了故乡泾阳,1978年1月17日凌晨,吴宓撒手人寰。

如今的西南大学除了设有吴宓路、吴宓塑像、吴宓旧居陈列室之外,还实施了文化素质雨僧计划,出版了《新学衡》杂志,设立了"雨僧讲坛",并把一栋教学楼命名为"雨僧楼",楼旁专门建有"宓园"。所有这些,都是在向学贯中西的大师吴宓致敬。

---

① 周锡光.追忆吴宓教授[G]//李继凯,刘瑞春.追忆吴宓.北京:社会科学文献出版社,2001:130-145.

林语堂

林语堂（1895—1976），原名和乐，后改名玉堂、语堂，笔名毛驴、宰予等，福建龙溪（今漳州）人，中国现代作家、学者、翻译家、语言学家。

林语堂毕业于上海圣约翰大学，后留学美国、德国，在哈佛大学和德国莱比锡大学钻研哲学、语言学。1923年回国后，先后就职于北京大学、厦门大学。1928年，林语堂在《奔流》月刊发表了《子见南子》，该剧作打破了孔子在传统文化中的圣人形象，林语堂的名字也因此被人熟知。林语堂大半生旅居国外，却笔耕不辍，倾力书写中国故事、中国人情、中国哲学，将东方文化向西方敞开，留下文墨千篇。抗战时期，林语堂一家在北碚寓居两个月，把北碚故事传遍了四海。

1940年春，林语堂与美国一家出版公司签订合同，需要创作一部描绘战时中国的作品。同年5月，林语堂偕夫人廖翠凤和三个女儿由纽约经香港飞抵重庆，落脚在北碚蔡锷路24号。那是他在香港时就托别人买好的一幢小别墅。林语堂早就听说北碚山清水秀，风景宜人，抗战全面爆发后，这座小镇在全国已经成为一座文化名城了,汇聚了许多文人贤达,是抗日救亡的文化堡垒。前去迎接林语堂一家的是王向辰。王向辰在林语堂主编的杂志上发表过作品,文风也倾向幽默。他听说林语堂要来北碚,喜不自禁,迫不及待地去汽车站接站。两人此前就相互欣赏彼此的文风,这时更是一见如故。王向辰热情爽朗的笑声和毕恭毕敬的态度,让林语堂一家对北碚毫无陌生感。

林语堂一家

  1940年5月27日,林语堂一家刚到北碚不久,就遭遇日机轰炸北碚。这天清晨,27架日机在北碚上空盘旋,林语堂一家和周围居民挤在不到40平方米的防空洞里,屏气凝神,等待警报解除的消息。炸弹从天而降,顷刻间火光冲天、瓦砾横飞。一顿轰炸之后,飞机的声音渐渐远去,人们才从四面探出头来。林语堂第一次经历大轰炸,心情久久不能平静,耳边的轰鸣声也久久不能消失。街上的断壁残垣,触目惊心。至此,他们一家算是真正开始了战时生活,每天忙着跑警报,进出防空洞,打扫院子里的碎片瓦砾,修补房舍……林语堂在防空洞避难时与民众谈天说地,了解人们在战时的心态和生活情形。若哪天没有警报或者这天警报解除得早,林语堂一家就在嘉陵江、北温泉、缙云山等地参观游览。其间,还在缙云山与梁实秋、赵清阁、方令孺等文化名人共赏美景、共进餐食。

在北碚住了不到一个月,林语堂一家就跑了15天防空洞,加上正值酷暑,林语堂感到闷热难耐,就产生了搬家的想法。经王向辰介绍,林语堂一家和王向辰夫人移居缙云山石华寺暂住。山上的确要比先前的小别墅凉爽得多,虽然也不时会有日机空袭,但比北碚城里要好一些,是一个写作的好地方。每逢周末,王向辰都会上山,给林语堂一家讲述外面的逸闻趣事、时局变化。1940年7月底,林语堂经历了北碚的第三次大轰炸,他山下的小别墅被炸毁一角。刚修缮完毕,他就接到返美的通知。此时,他得知中华全国文艺界抗敌协会(简称"文协")总会被炸毁,正在北碚寻找新的会址,便委托王向辰把他的房子捐给文协使用。

寓居北碚时的所见所闻,给了林语堂强烈的震撼。到美国后,他一面在《纽约时报》《时代》周刊等报刊上发表文章揭露日本的侵略恶行,参加各种爱国活动,宣传祖国的抗日救亡斗争,对英美当时的"中立"政策毫不隐讳地进行指责,一面辅导三个女儿撰写回国见闻。1942年,由林家三姐妹合撰的《战时重庆风光》在美国出版发行。全书11万多字,共收录了50篇短文,其中关于北碚的内容就有35篇,计8万余字。书中热情地歌颂了北碚人民淳朴善良的美好品格,描绘了北碚的秀丽风光、风景名胜,详尽记述了日机轰炸北碚的经过,以及北碚人民紧张避难、艰苦战斗、坚强生活的战时状况。字里行间充满了林家三姐妹对祖国大好河山的赞美和热爱,对日本帝国主义的憎恨和对身处战火的祖国人民的同情。刚满14岁的二妹林无双在《离开北碚》一文中,以一个少女的细腻笔触写下对北碚的深切依恋:

>那晚北碚十分可爱。它的废墟和残余物都是可爱的,他们都历尽风霜了,我们表示着经验与忍耐。月亮又用他的银白而宁静的光辉照耀着街市,每件东西都有着阴影。我们要离开了。那同样有着美丽阴影的月亮。它抛掷着阴影在大路上。似乎每件东西都在说:我们要离开了,我们要离开了,可是我们不愿意。①

1976年3月26日,林语堂在香港去世,他一生用中英文写下的小说、散文和译作热销至今。

---

① 林如斯,林无双,林妹妹.战时重庆风光[M].重庆:重庆出版社,1986:148.

杨钟健

杨钟健（1897—1979），字克强，陕西华县（今渭南市华州区）人。著名地质学家和古生物学家，我国古脊椎动物学的开创者和奠基人，被称为中国古脊椎动物学之父。

杨钟健1923年毕业于北京大学地质系，获理学学士学位。随后到德国慕尼黑大学地质系学习古脊椎动物学。1927年获博士学位。1928年回国后，历任中央地质调查所技正，兼任北京大学、重庆大学等校教授，西北大学校长。新中国成立后，任中国科学院编译局局长，古脊椎动物研究室（后改名古脊椎动物与古人类研究所）研究员、主任、所长，北京自然博物馆馆长。

1937年全面抗战爆发后，杨钟健断然拒绝了日本人要他去日本"讲学"的要求，毅然南下辗转到昆明，带领研究室南迁郊外瓦窑村，在一座破败的关帝庙中顽强地开展工作。1938年，地质调查所昆明办事处成立，杨钟健主持云南禄丰动物群化石的发掘和研究工作。当时，科研环境十分简陋，生活十分艰苦，正如杨钟健诗云："起接屋顶漏雨水，坐当脚底空穴风。"但杨钟健鼓励大家一定要有信心,要向前看,这样个人命运、学术研究、国家前途就都会有希望。

杨钟健与同事在云南禄丰盆地的科学考察中注意到,当地人家使用的"龙骨油灯"是古生物的脊椎化石,找到当地人取制作油灯材料的地方后,他们在那里发现了许多古生物化石,这就是举世闻名的禄丰蜥龙动物群。其中的一些化石经辨认研究后认定是某种恐龙的化石。

1940年10月起,因滇越边界时局日紧,昆明办事处被取消并入北碚总所,重要标本、图书、仪器和大部分工作人员迁到北碚。杨钟健也是这次搬到了北碚,在鱼塘湾山坡上的图书馆办公。楼上为书库,楼下为管理室和古生物人员的办公室。他还同时兼任重庆大学教授。

杨钟健把在云南禄丰发掘到的三大卡车古爬行动物化石全部运抵位于北碚的地质调查所,又在北碚完成了对这批宝藏的研究鉴定,命名了"许氏禄丰龙"等一大批古生物新属种,从而震动科学界。"许氏禄丰龙"是第一具由中国科学家描述并命名的恐龙化石骨架。他前后花费了近十年时间,对这批标本进行了仔细研究,记述了20多个新属、种,发表了20多篇论文,并撰写了3部专著。①

随着研究的深入,1941年,杨钟健发表了专著《许氏禄丰龙》,禄丰成为世界上研究早期恐龙和哺乳类动物的标准化石地点和经典案例。许氏禄丰龙既是中国人独立寻找、挖掘并研究的第一具恐龙化石标本,也是战火纷飞中所作出的

---

① 王春山.杨钟健与博物馆[J].自然科学博物馆研究,2016(1):84.

举世瞩目的科研成就,使中国人民的民族自信心获得了极大的鼓舞和提升,是民族危亡之际民族文化和科学精神薪火相传的极佳体现。

1941年1月5日,中国地质学会在北碚文星湾地质调查所举行丁文江逝世5周年纪念会,会后杨钟健作"许氏禄丰龙之采修研装"的讲演,并引导与会者参观许氏禄丰龙化石骨架。此后三天,许氏禄丰龙在地质调查所对外公开展览。这是许氏禄丰龙在重庆的首次公开亮相,每天观众络绎不绝。中国人第一次看见自己国土上产出的恐龙化石,许氏禄丰龙也因此被誉为"中华第一龙"。

重庆自然博物馆恐龙厅

后来,许氏禄丰龙随地质调查所一起被转运到了南京。中华人民共和国成立以后,中国科学院古脊椎动物与古人类研究所在北京成立,许氏禄丰龙又被转运到了北京。

为了纪念许氏禄丰龙这一历史性的成果，1958年我国发行了纪念禄丰龙发现20周年纪念邮票，这是中国首个登上邮票的恐龙。

杨钟健是世界上最为重要的古生物学家之一。他的研究领域涉及爬行动物的各个门类和方面，填补了中国在该研究领域的空白，使中国成为世界上爬行类化石研究资料最丰富的地区之一。

1955年，杨钟健当选为中国科学院学部委员；1956年被选为北美古脊椎动物学会的荣誉会员、苏联莫斯科自然博物协会的国外会员；1975年被选为英国林奈学会会员。在英国自然历史博物馆，他的巨幅相片与达尔文等人的画像悬挂在一起，彰显着他在古生物领域所作出的巨大贡献。

1975年9月，时任中国科学院古脊椎动物与古人类研究所所长的杨钟健已年近80，为审核即将展出的自贡伍家坝出土的恐龙化石，还专程到伍家坝进行实地考察。1979年，大山铺恐龙化石群遗址发掘出的恐龙群窟震惊世界。但遗憾的是，这年1月，杨钟健与世长辞，未能亲眼看见大山铺恐龙化石的壮观景象。

杨钟健家乡纪念杨钟健的碑文中写道："他首创中国第一个地质研究会，首建世界上第一个古脊椎动物研究所……他是我国第一代自然科学家，集东方文化与西方科学于一身，开辟了中国近代科学史上光辉的一页。"

翦伯赞

翦伯赞（1898—1968），笔名商辛、林零、太史简等，湖南桃源人，维吾尔族。中国著名历史学家、社会活动家，著名马克思主义史学家，中国马克思主义历史科学的重要奠基人之一，杰出的教育家。抗战时期，翦伯赞在北碚度过了六年的战时光阴，完成了多部历史著作，并始终积极为抗战呼号。

翦伯赞

1916年，翦伯赞考入北京政法专门学校，1924年赴美国加利福尼亚大学学习。1926年，翦伯赞投身北伐战争。大革命失败后，为了探讨革命失败的原因，翦伯赞开始运用马克思列宁主义研究中国社会的性质和中国历史。1937年5月，翦伯赞加入中国共产党，同年，在长沙发起组织中苏文化协会湖南分会和湖南文化界抗敌后援会，并当选为常务理事。1940年2月，翦伯赞奉命到重庆，住北碚歇马场，担任中苏文化协会理事兼《中苏文化》杂志副主编，该杂志除了传播苏联文化、宣传中苏文化的友好交流外，还在坚持团结、坚持抗战方面发挥了积极作用。

冯玉祥当时正在重庆巴县中学闲住，听闻翦伯赞在史学方面颇有造诣，特聘他为自己讲解中国通史。从周秦汉唐到当下的抗战形势，翦伯赞抽丝剥茧、寻踪觅源，引导冯玉祥从历史的角度观眼下之局势。冯玉祥深受影响，对国民政府破坏统一战线的行政命令逐渐表现出抗拒之态，甚至反对、质疑，认为团结抗日、一致对外是当前最紧迫之事。

皖南事变发生后，国统区的白色恐怖更为严峻，翦伯赞应党组织要求，暂避锋芒。他闭门读书，潜心研究史学。最初半年，他写了一些历史论文，后来收入其《中国史论集》第一辑中。在战火纷飞、国土陷落的岁月，即使身处深山荒僻之地，一个热血爱国志士又怎能完全做到与世隔绝。日军的飞机每日在头顶盘旋，翦伯赞的内心犹如烈火灼烧般疼痛。

之后受郭沫若、陶行知等人邀请，翦伯赞相继在赖家桥文化工作委员会和草街子育才学校讲学。在此期间，翦伯赞发起创办了重庆大学教授联谊会，得到社会各界的支持，在各地演讲，用历史史实颂扬抗击侵略的人民，谴责投降与分裂。

1942年秋，翦伯赞回到北碚歇马场，继续退守书斋，挑灯夜读，开

《中国史纲》第二卷封面

始写作《中国史纲》，第一卷从原始社会写到战国时期，约30万字，半年脱稿；第二卷近50万字，涉及秦汉时期，一年脱稿。书中还收录了30多幅地图、90多幅图片和8帧表格。该著作资料丰富、论述明确、文笔生动，出版后在史学研究

界引起了强烈反响。1943年，翦伯赞完成了《中国史论集》第一辑的写作。

翦伯赞虽然沉迷于历史研究，却不忘家国事。1944年6月，日军大举进攻衡阳，国军将士浴血奋战47天，近万人为国捐躯，8月初，衡阳陷落敌手。翦伯赞闻讯，痛心疾首，提笔写下《日寇犯衡阳有感》，表达自己的家国之思：

　　喋血常桃血未干，又传胡马度衡山。
　　焚书到处纵秦火，杀敌何人出汉关。
　　南渡君臣怜晋宋，北征豪杰遍幽燕。
　　莫倚巫巴能阻险，从来王业不偏安。

1945年，毛泽东飞抵重庆进行和平谈判，翦伯赞协助做冯玉祥等高层民主人士的工作，参加了旧政治协商会议。新中国成立后，翦伯赞先后任北京大学教授、副校长，中国科学院哲学社会科学学部委员等，继续从事历史学研究和教学等工作，成绩斐然。

王家楫

王家楫(1898—1976),号仲济,江苏奉贤(今属上海)人。动物学家、中国生物学的重要开拓者、中国原生动物学的奠基人。

1925年,王家楫赴美国费城宾夕法尼亚大学动物系深造。1928年获哲学博士学位,同时被授予优秀生物工作者金质奖章。1928年9月,美国耶鲁大学以高薪聘他为斯特林研究员。1929年,王家楫获悉国外要派科学考察团到中国采集标本,他深感华夏子孙的责任,认为中国的生物资源属于中国人,中国人自己应加强这方面的研究,遂放弃耶鲁大学提供的优越工作和生活条件,回国开拓中国原生动物学的研究事业。

回国后,王家楫被聘为南京中国科学社生物研究所动物学部研究员,兼任中央大学生物系教授。经过四年多对国内多地详尽的考察,他率先取得了我国原生动物学研究的第一手资料,并发现了许多海洋与淡水原生动物的新属种,为深入开展我国原生动物区系调查奠定了基础。1934年7月,位于南京的中央研究院自然历史博物馆改名为国立中央研究院(简称"中研院")动植物研究所(以下简称"动植物所"),王家楫任所长。

1934年,王家楫在江西庐山同我国的动物学家们一道发起成立中国动物学会。

1937年全面抗战爆发,中研院于11月中下旬筹备内迁,决定重要书籍、仪器、标本分批内迁,并于7月底、8月初分两批分别运抵南昌和长沙。鉴于8月19日多架日机轰炸南京,动植物所立即展开西迁工作。王家楫将家小留置在上海,主持了动植物所人员、物资的西迁。为了保存祖国的科研血脉,为了开展科研工作,他们经历了常人难以想象的艰难困苦。研究所先迁至长沙,由于长沙人满为患,又迁至南岳衡山。由于战火逼近,研究所又迁广西阳朔。日军空袭桂林,科研工作难以展开,动植物所便于1940年12月迁到北碚。

战乱、西迁及经费的困难,打乱了动植物所正常的工作秩序和科研计划,在很大程度上影响和限制了动植物所的科研工作。但王家楫秉持科学报国的信念,无论条件多么艰苦,环境多么危险,生活多么清贫,他始终带领全所同仁坚持不懈地进行科研工作,以科研成果报效祖国。

1943年,世界著名的生物化学家和中国科技史研究专家李约瑟受英国政府委派来到中国援助抗日战争,担任中英科学合作馆馆长,其间李约瑟访问了中国近300个学术研究机构。在《战时重庆之科学界》一文中,李约瑟写下了他访问动植物研究所(即李约瑟所说的生物研究所)的细节:

最大的科学中心是在一个小镇市上,叫作北碚,亦位于嘉陵江西岸,比沙坪坝离重庆更远。此镇有不少于十八所科学团体与教育机关,其中大多数都很重要的。

首先要提到的为中央研究院生物与气象两研究所。生物研究所在王家揖(楫)博士领导之下,工作甚为紧张,约有二十位科学工作人员,专心致力于研究。王博士自己是一位著名的原生动物学家,他除任该研究所所长以外,还兼原生动物部主任。脊椎动物组织部主任为伍献文博士,他们都特殊的注重鱼类分类学,但也研究鱼类生态及生理学。……此研究所高踞嘉陵江上,环境清幽,其中工作人员,甚形紧张,参观之人,欣美之余,深觉其具有世界上最优良的试验室之研究空气。①

1944年,鉴于科学教育之亟待普及,学术研究尤待发扬,中国西部科学院联络内迁北碚的十余家全国性学术机关,共同筹备、组建了中国西部博物馆。王家楫任中国西部博物馆筹备委员会副主任、第一届理事会常务理事,并与26名各学科专家组成设计委员会,负责规划博物馆教育与研究工作。

1944年5月,动植物所分建为动物研究所和植物研究所,王家楫任动物研究所所长。动植物所、动物研究所在北碚期间,在开展科学研究的同时,也积极参与地方的科学普及、地方志编纂等工作。1944年春,北碚启动编修《北碚志》的工作。王家楫带领动植物所承担了《北碚动物志》的修撰。

---

① 李约瑟.战时重庆之科学界[J].新中华,1946,复4(1):32.

1945年9月,中央研究院奉命复员。王家楫带领动物研究所暂时迁到了上海,"以便短期内得以恢复工作。并设本院驻沪办事处,统办上海各所之一般行政事宜(初由王所长家楫兼任该办事处主任,现聘陈荻帆任之)"[①]。

1948年,国民党当局命令各研究所迁往台湾。王家楫和大多数研究所所长一道,展开护所斗争,不顾国民党的威逼利诱,毅然留在祖国大陆,为新中国的科技事业保留了一批人才和科研设施。

上海解放后,1949年8月,上海军管会任命王家楫为中央研究院沪区委员会常务委员兼动物研究所所长。1949年7月,他应邀参加了在北平召开的中华全国第一次自然科学工作者代表会议筹备委员会。此后,他参加了改组中研院和筹备中国科学院的工作,1950年组建中国科学院水生生物研究所,并任所长,1952年加入九三学社,1955年当选为中国科学院学部委员(院士),1959年起兼任中国科学院武汉分院(中南分院)副院长。他一直是《水生生物学集刊》《海洋与湖沼》的主编、编委和《中国动物志》的编委。

---

① 中国第二历史档案馆.抗战时期迁都重庆之中央研究院[J].民国档案.1998(2):7.

老舍

老舍（1899—1966），原名舒庆春，字舍予，满族。中国现代著名小说家、文学家、戏剧家、语言大师，获得"人民艺术家"的称号。

1899年，老舍出生于北京，1918年从北京师范学校毕业后，先后在北京、天津等地的中小学做教员。1924年赴英国，在伦敦大学亚非学院执教。1930年回国，历任齐鲁大学、山东大学等校教授。1938年，老舍只身奔赴武汉，当选为中华全国文艺界抗敌协会（以下简称"文协"）常务理事兼总务部主任，同年8月，随文协西迁重庆。其后，老舍长期居住在北碚，并在北碚创作了长篇小说《四世同堂》等作品。

1939年夏，老舍跟随北路慰劳团前往北方慰问抗日将士，历时五个多月，跨越川、陕、豫、鄂、甘、宁、青，行程一万多公里。回到重庆后，老舍大病一场，即来北碚休养，胡风以酒肉招待。看着眼前的美味佳肴，三月不知肉味的老舍感激涕零，悲从中来。胡风见此状，吟赠《呈舍予兄》七律二首抒发感怀。1940年5月，听闻抗日将领张自忠在枣宜会战中

壮烈殉国,老舍提笔创作四幕抗战话剧《张自忠》,以兹缅怀。经过三个多月的写作和修改,9月18日,老舍在北碚邀集各界文友座谈。1941年,《张自忠》修订后由赵清阁列入华中图书公司"弹花文艺丛书"出版,《中苏文化》特刊一月号全文刊登了该话剧,在社会各界引起轰动。

1940年6月,位于临江门的文协总会办公地被日军炸毁,老舍主持成立了北碚文协办事处,其后,重庆总会的工作也逐渐恢复。在很长一段时间里,老舍来往于陈家桥和北碚之间,沟通文协的工作,长期的奔波劳累加剧了老舍的病情,他的身体每况愈下,生活更加困窘。即使如此,远离城区的安逸却让他的文思更加活跃,可以"天天写一点点文章",闲来无事还哼一两首诗。1940年底,老舍因病到北碚小住,写下《北碚辞岁》,遥寄思乡之情:

雾里梅花江上烟,小三峡里又一年;
病中逢酒仍须醉,家在卢沟桥北边。①

诗中的"卢沟桥"是北碚城里的一条小街巷,"卢沟桥"一词,不仅将北平与北碚相勾连,又巧妙地点出艰苦卓绝的抗战环境。此地名一语双关,牵动着老舍远离故土,颠沛流离,饱受战乱的苍凉之情。

1943年,老舍两次来北碚与赵清阁等人合写话剧《王老虎》《桃李春风》,随后又独自创作了小说《火葬》。《火葬》是老舍第一部抗战题材的长篇小说,也是他在抗战时期创作的

---

① 老舍.自谴[N].新蜀报,1941-07-07.

第一部小说,1944年由晨光出版公司在重庆初版,1945年黄河书局也出了初版。写作《火葬》期间,日机轰炸频繁,老舍忙于躲避空袭,经常吃饭顾不得挑拣平价米(又称"八宝饭")中的石子、稗子等米中的"八宝",长此以往患上了阑尾炎。这本书的写作过程太过痛苦,老舍自己也说:"这不是文艺的创作。而是由夹棍夹出来的血!"[1]

1943年6月,老舍从陈家桥搬到北碚蔡锷路24号(现为天生新村63号"四世同堂纪念馆")文协北碚分会办事处。11月中旬,老舍的夫人胡絜青带着三个孩子从北平来北碚避难,一家五口挤在文协办事处的一间小屋里,生活清苦,"腹中全是平价米"。

老舍一家在北碚(1946年)

《四世同堂》是老舍在北碚继《火葬》之后写的第二部长篇小说。这部作品是他根据夫人胡絜青讲述的北京沦陷后的情况和报纸上所登的前线战况而构思的。全书计划分三部,约百万言,拟在两年写完。1944年老舍完成了第一部,约30万字,11月起在报纸上连载,1945年由上海良友复兴图书印刷公司出版,后又由晨光公司出版。《四世同堂》以北京

---

[1] 老舍.火葬·序[M]//老舍.老舍全集(第3卷).北京:人民文学出版社,2008:326.

小羊圈胡同的市民在抗战时期的命运为主线，写出了北平沦陷后的城市生活状况，以及北平市民的爱国热情和民族气节，揭露了日本侵略者的凶狠和残暴。此部巨著是抗战文学的一座丰碑。

在大后方的抗战烽火中，老舍不仅要忍受生活上的艰苦和病痛的折磨，还要遭受国民党思想文化管控部门的冷枪暗箭。1945年11月13日，老舍在复旦大学纪念孙中山八十诞辰大会上慷慨激昂地呼吁文艺工作者用自己的笔和口，为反对内战，争取和平而战。他沉痛地说："我是中国人，我爱中国，我不属于任何党和派，我没有当汉奸，我八年来的言论和作品没有一篇不是为了抗战，而我后面却一直跟着一个黑影。"[1]他的勇敢和刚毅为文艺界竖起了一面大旗，引领着文协同仁坚持抗战。

抗战胜利后，老舍写下《八方风雨》，真实地记录了他的战时生活。这八年间，"流亡""酸苦""贫寒""兴奋""抗敌"为他搭就了一条风雨长廊。他跨越黄河、长江，从华北大地退避西南一隅，也曾走过西北戈壁、中原火线。在生活极端困难和斗争极为复杂的情况下，他为抗战，为团结，为人民大众的利益，为民主，为反法西斯奋斗不止。正如1944年4月《新华日报》为纪念老舍创作20周年刊发的短评所评价的那样："一个作家能够长期坚持他的工作，不因利诱而改行，不因畏难而搁笔，始终为着发扬与追求真理正义而努力，在

---

[1] 老舍.在复旦大学"国父八十诞辰纪念晚会"上的讲演[M]//老舍.老舍文集（第14卷）.北京：人民文学出版社，2008：373.

任何情况下总要尽可能说出自己要说的话……这样的作家是应该获得全社会的尊重的。老舍先生正是这样的一个作家。"①

新中国成立后,老舍历任全国文联副主席、中国作家协会副主席、北京市文联主席等职,创作话剧《龙须沟》《女店员》《茶馆》等,其著作除单行本外,还有结集出版的《老舍文集》《老舍剧作选》等。

北碚的老舍旧居

---

① 作家的创作生命——贺老舍先生创作廿周年[N].新华日报,1944-04-17(03).

唐瑞五

唐瑞五（1901—1937），重庆江北人。1928年起在北川民业铁路股份有限公司（简称"北川铁路公司"）任职，曾担任副总工程师、总经理，其间参与了北碚的市政规划。

1901年，唐瑞五生于重庆江北县（今江北区），他早年考入北洋大学采矿科，学习矿务勘探、测绘，毕业后经农商部考核，进入开滦矿务局实习两年。其间，受到平津地区科学、民主思想的影响，立志回乡投身实业。

唐瑞五

1928年，北川民业铁路股份有限公司成立，唐瑞五受聘担任副总工程师。北川铁路的整个修建工程分为三期，采取了建成一段通车一段的方式，逐渐向前延伸。1931年4月，卢作孚接任北川铁路公司董事长，唐瑞五担任总经理。为了加快工程进度，唐瑞五和总工程师守尔慈亲自率领勘测队前往华蓥山麓进行路线勘察。当时华蓥山土匪猖獗，昼伏夜行，地方势力盘根错节，勘测工作时常受到干扰，白天做好的标志，晚上就会被损毁。出发时，勘测队仅带有护卫队员六七人,难以与地方破坏分子正面对抗。唐瑞五出面与土匪斗智斗勇,冒险周旋半个多月才完成勘查任务。

当时因通车路段有限,公司一时间难以盈利,收入严重不足。为缓解公司的债务压力,在卢作孚的支持下,唐瑞五与不把煤炭运输业务全部交给铁路运输的煤炭厂接洽交涉。他提出给这些煤炭厂增加运费;铁路运输繁忙时,煤炭运输业务全交铁路运输者有优先运输的权利。经过一番宣传,不到几个月的时间,北川铁路公司就拿下了铁路沿线所有煤炭厂的运输业务。1931年7月初,重庆商会会长赵资生举办寿宴,百余重庆商人齐聚宴会。唐瑞五借此机会为北川铁路公司拟定了一份详细的公司计划大纲,说服各大商绅,为公司募集了大量资金。此后,北川铁路公司的业务范围逐渐扩大,修建工期也大大缩短。1934年4月,南起现北碚天府镇的白庙子(当时属江北县白庙乡),北至现北碚天府镇大田坎,全长16.8公里的北川铁路全线通车,通车典礼盛况空前。

北川铁路是四川省第一条建成通车的铁路,它的建成通车既解决了北碚文星、代家沟一带的煤炭运输问题,又方便了往来重庆、广安、岳池一带的商旅,促进了城乡的物资交流和北碚资源的开发,有力地推动了北碚的建设发展。

1929年11月,在完成水岚垭至土地垭段的工程任务后,唐瑞五应卢作孚之邀,带领测量工人到北碚参与城市规划建设。1931年初,测绘队完成了平民公园火焰山和北碚市街的测绘工作。唐瑞五每天经纬仪不离手,亲自绘制成图之后,又去缙云山和东阳进行勘测,不仅北碚平民公园和黛湖、北碚街道的改造出自唐瑞五之手,新村建设和中国西部科学院的建设也由他统一测绘布局。

天府煤矿机电课于1944年自制成功3台火车头,为全国首创

  1933年6月,天府煤矿股份有限公司成立,北川铁路并入其中,唐瑞五出任董事会董事,后兼任公司经理,担任全矿总工程师。1936年2月,峡防局改组为嘉陵江三峡乡村建设实验区署,省政府委任唐瑞五为区长。区署于4月1日成立,唐瑞五宣誓就职后,将区署的日常事务交由副区长卢子英负责,自己则将主要精力用于天府煤矿的技术工作。卢作孚提倡"自产、自运、自销"的生产经营方针,对煤矿进行改革,唐瑞五负责技术改造环节。他在矿井的坑道内铺上木轨,钉上铁板,以竹滑车取代之前的人力竹拖;在室外也修筑了简易铁路,与北川铁路衔接,煤炭出矿后可直接运走,

减少了劳力和运输开支。他发明改进了原来的土蓄电池矿灯,完全代替了"亮油壶",以降低矿井的瓦斯爆炸的可能,有利于井下生产安全。作为经理,唐瑞五还为公司业务广开门路,增加销量。为杜绝有人在转手销售时掺沙灌水,影响公司的声誉,唐瑞五在重庆市中区、合川县城等地专门设立销售处,并积极发展与蓬溪、射洪等地盐场和南充丝绸厂的合作关系。经过一段时间的努力,销售成本大减,天府煤矿的煤炭远销四川省内外,名扬西南。

北川铁路和天府煤矿在重庆近代工业史上有着重要地位,唐瑞五怀抱实业救国的梦想投入其中,为民族工业的发展和地方建设作出了卓越贡献。

周之廉

周之廉（1902—1956），河北南宫人。中国著名女教育家，被陶行知誉为拯救战区难童的"中国的马卡连柯"。

周之廉幼时家境贫苦，但聪慧过人，读书刻苦，1917年以第一名的优异成绩考取直隶女师，得到官费待遇。从女师毕业后，周之廉先后在河北磁县小学、天津达仁女校、北平香山慈幼院、北平五省灾童教养院等任教。后考取国立北平师范大学，毕业后任河北女子中学校长、河北省立第五女子师范学校校长。1933年，周之廉赴美国哥伦比亚大学留学，专攻儿童教育，获硕士学位。抗战全面爆发后，周之廉与丈夫陈宗善相偕回国。

北碚慈幼院旧址周之廉头像

1938年，战事逼近武汉，红十字会沙市慈幼院开始将收容的难童送往重庆北碚。为抢救、教养难童，红十字会拟在北碚筹设慈幼院，时任中国红十字会会长的王正廷，深知周之廉有着深厚的教育功底和长期从教的履历，故力荐周之廉出任北泉慈幼院院长。周之廉欣然接受了王正廷的聘任，来到北碚，选中缙云山中的绍隆寺房屋作为校舍，开始创办北泉慈幼院。

北泉慈幼院于1939年5月4日起开始接收第一批难童,收容了从湖北战区抢救转送过来的287名难童,之后又成批接收了中国战时儿童救济会、《新华日报》社、战时儿童保育会及各个教养院、保育院转送过来的儿童。前后共接收、抚养和教育了战区难童和孤、贫儿童近千名。

慈幼院位于缙云山半山腰一个幽谷之中,山峦环抱,林木茂密,不易受到日机空袭,较为安全,这对于历经劫难、孤苦无依的孩子们来说,真乃世外桃源。

然而,与优美环境形成鲜明对比的,却是孩子们糟糕的身体。抗战爆发后,较长时间的颠沛流离,极度贫困的生活,使得孩子们不仅身上满是虱子,多数还身患疾病,尤其是沙眼、夜盲症、疥疮。

面对一穷二白、缺医少药的困境,周之廉他们只能集思广益,想法自救。北温泉的泉水富含硫元素,还含有惰性气体元素氡,温暖适中,对皮肤病有极佳疗效。周之廉带领大家利用嘉陵江边小路旁的山麓岩洞喷流出的一股温泉,掘地修筑两个方形大池塘,并用篾席圈围而成,一个男池,一个女池。师生经常定期分批下山到北温泉,在这温泉浴池洗浴。孩子们每次来洗浴,在池子里玩水嬉戏,欢声笑语不断。同时,院里给每个孩子做了统一的服装、被盖,定期换洗,高温蒸煮消毒;定期开展全院清洁大扫除;想办法改善孩子们的伙食,增加营养。

就这样,虱子被消灭了,疥疮、癫痫、沙眼和夜盲症都被治愈了。孩子们一个个变得整洁卫生、健康活泼、聪明伶俐,穿着统一的服装,活像这"桃花源"里的小天使。

周之廉是五四运动以来妇女投身国民教育的先驱,她以救助教育孤儿为己任,"慈幼"和"爱"是她教育思想的核心。她不仅发扬"五四"革命传统,效法北平香山慈幼院的办学模式,还在中共中央南方局的支持下聘请了以自己的妹妹周颖为首的中共地下党员和进步青年来院执教。北泉慈幼院在她的领导下,以"一切为了儿童,一切为了国家"为宗旨,实行"抢救与教育并重"的"七大教育"方针,即品德人格教育、文化及科学教育、健康教育、社会教育、劳动生产教育、家庭教育、业余教育。周之廉的教育思想在当时是极为先进的,陶行知盛赞她是"中国的马卡连柯"[1]。

慈幼院的经费多由社会名流和热心慈幼事业的人士支持,政府拨款占比很少,因此常有断炊之忧。周之廉为了慈幼院的生存和发展殚精竭虑,四处奔走,有时甚至奔波数月,也难有收获。中共中央南方局干部陈家康的夫人徐克立曾谈到周之廉的艰难处境:"没有固定的经费,没有平价布,也没有平价米,即使一部份能经常补助的经费也不能准时发下。""为了她不忍看着这群嗷嗷待哺的小宝贝挨冻受饿,整日奔走呼吁,以致流产三次,她还是奋不顾身地甚至宁愿死也不愿看到孩子们的受难。虽然有时为了人情的冷酷而感

---

[1] 邱月杭.北泉慈幼院院长——周之廉[G]//政协重庆市北碚区文史资料委员会.北碚文史资料.第9辑,1997:186.

到愤怒,而她却不怕碰壁。"①即便如此,周之廉对于无家可归的妇女儿童毫不吝啬,对上门求助者总能在第一时间施以援手,慷慨救助。有一个四川妇女,丈夫在重庆第一次空袭中被炸死了,家里的房子也被炸塌了,她带着两个孩子流落到北碚,到北泉慈幼院寻求帮助。周之廉不仅决定收留两个孩子,还让那个妇女留在慈幼院帮工,使母子三人的生计得到保障。

抗战胜利后,有关机构东迁,北泉慈幼院面临发展中断的危机。周之廉倡导实行生产自救,在社会各界人士的帮助下,成立了"织袜生产合作社",使慈幼院得以幸存。1946年内战爆发后,周之廉再次赴美国考察教育,后定居美国,直至1956年6月逝世。

从1939年创建至1953年人民政府接管,北泉慈幼院历时十四年,是国统区战时儿童教育系统中存在时间最长的一个。十四年间,北泉慈幼院养育了近千名难童,后来绝大部分都成为音乐、教育、天文学等各行各业的重要人才。

---

① 克立.院长·母亲·好朋友[N].新华日报,1943-07-04(04).

胡风

胡风(1902—1985),原名张光人,笔名谷非、高荒、张果等,湖北蕲春人,中国现代文艺理论家、诗人、文学翻译家。

1929年秋,胡风赴日本庆应大学留学。1933年6月回到上海,开始参与左翼文艺运动,先后出任左联宣传部部长、常务秘书。这一时期,胡风写下了大量短诗,1937年由巴金创办的文化生活出版社结集成《野花与箭》出版,署名为"胡风",之后一直沿用此笔名。抗战时期,胡风一家曾居住于北碚。胡风在北碚发展壮大了"七月派",坚定不移地发挥文艺的战斗力量。

胡风与妻子梅志

1937年9月,以七月社命名的《七月》周刊创办,胡风自任主编,以七月社的名义发表了创刊词《愿和读者一同成长》,并在同期上发表了他的文章《忆矢崎弹——向摧残文化的野蛮的日本政府抗议》,在文艺界拉起抗日救亡的大旗。之后《七月》由周刊改为半月刊,武汉失守后停刊。1939年7月在重庆复刊,改为月刊。

1938年9月28日,胡风离开武汉前往重庆。经过两个月的舟车劳顿,胡风一家安全抵达重庆朝天门码头。在老舍的帮助下,胡风进入北碚的复旦大学中国文学系任教,讲授创作论和日语选读课,同时也谋得国民政府国际宣传处特派员一职,每月有208元的月薪,足以保障一家人的生活。之后,胡风被委派主编《新华日报》星期副刊《团结》,兼任中苏文化协会候补理事。

1939年5月底,胡风一家迁居北碚黄桷镇帅家坝,因日机轰炸频繁,于次年6月搬至石子山,一家人住在通俗读物编刊社旁边的三间土屋里,胡风将这里命名为"棘源村"。

1939年5月4日,国民政府书报监察委员会颁发了《七月》第一期审查证,两个月后《七月》改为月刊,在重庆正式复刊。发刊词细数了《七月》的办刊经历,表示要在"神圣的火线下面,……用坚实的爱憎反映出蠢动着的生活形象。在这反映里提高民众底情绪和认识,趋向民族解放的总的路线"①。复刊后,《七月》不仅公开发表陕甘宁边区作家的作品,还刊登国统区进步作家的文章。如此一来,在重庆就形成了一个以《七月》月刊为中心的"七月派"作家群,其成员在理论批评、小说和诗歌创作方面皆有建树,其中以诗歌创作最盛,形成"七月诗派"。在此期间,除了国际宣传处的公职和复旦大学的教职外,胡风还参加、主持了文协的研究工作和历届鲁迅逝世周年纪念会,写成了《论民族形式问题》《棘源草》《民族战争与文艺性格》等文集,并完成了译文集《人与文学》。

---

① 七月社.愿再和读者一同成长[J].七月,1939,4(1):1.

1940年夏，胡风一举辞去复旦大学教授和国际宣传处特派员的职务，完全失去了固定的职业收入，生活陷入困顿。9月，周恩来在北碚视察时，胡风出面邀请了北碚的文化名人和复旦大学的部分教授约二三十人在温泉公园与周恩来座谈。11月8日，胡风收到郭沫若邀请他参加文化工作委员会的电报，聘任他为专任委员。这份工作为他在国统区获得了合法公开的职业身份和固定收入，同时，也进一步改善了他和郭沫若、田汉、阳翰笙等人的关系。皖南事变发生后，胡风一家在周恩来的帮助下，以旅行的名义撤到香港，1943年3月才又返回重庆。

《七月》创刊号封面和目录

《七月》出刊至35期，期刊证就被国民党当局吊销，只得停刊。为了巩固七月社的文艺阵地，胡风开始筹办新的杂志来接替《七月》。按规定,重新登记需要在银行存一笔保证金,1944年11月,周恩来资助了这笔保证金,新的杂志《希望》才办妥登记证。

  1946年2月,胡风一家离开重庆返回上海,结束了八年的流亡生活。抗战时期,胡风先后在北碚度过了五年多的时光,以《七月》和《希望》为阵地,培养和扶植了大批青年作家,其文学评论集《剑·文艺·人民》《论民族形式问题》等也都是在北碚写作出版的。除主编《七月》月刊,胡风还精心策划,编辑出版了"七月诗丛""七月文丛"等图书,这些丛书是"七月派"作家作品的"大汇集",更是胡风倡导的走向火热战斗生活的忠实反映,给人以光和热的指引,炙痛着人的神经。

顾毓琇

顾毓琇(1902—2002),字一樵,江苏无锡人,科学家、教育家、诗人、戏剧家、音乐家和佛学家,中国电机、无线电和航空教育的奠基人之一。

1915年,顾毓琇考入清华学校(今清华大学)。1923年顾毓琇从清华学校毕业后公派赴美深造。当时,电机工程科学在世界范围内蓬勃发展,而中国正处于咿呀学语的阶段。他忧心忡忡,怀揣着工业救国、强国富民的梦想,进入麻省理工学院机电系学习。不到五年时间,顾毓琇学完了从学士到博士的所有课程,成为第一位获得该校科学博士学位的中国人。

1928年底,顾毓琇回到灾难深重的祖国,投身教育事业,为祖国的工程科学、音乐学、戏剧学等学科的发展翻开了崭新的一页。抗战时期,应国民政府之邀,顾毓琇担任国民政府教育部政务次长,兼任战时教育委员会主任委员,主持文化教育机构的南迁工作。

1939年5月4日晚,在日寇对重庆连续两天的大轰炸后,顾毓琇一家在重庆城区通远门嘉庐9号租住的房屋被毁，周围一片火海。顾毓琇连夜带着全家逃离炼狱般的重庆城，来到两个弟弟的工作地北碚。

顾毓琇的两个弟弟顾毓瑔和顾毓珍都在位于缙云山下、嘉陵江边杜家街的中央工业试验所工作，顾毓瑔是所长，顾毓珍是油脂实验室主任、油脂实验示范工厂厂长。顾毓琇工作过的清华大学无线电研究所和航空研究所，也部分迁到杜家街。

到北碚后，顾毓琇一家和弟弟们一样租房居住。然而，在北碚，他们同样面临经常躲警报的问题。由于租住的地方躲警报极不方便，且顾毓琇的夫人正怀着孩子，还要带着5个孩子躲警报，实在危险。所以，为了安全起见，他们在杜家街租了一块不大的地方，搭了三间茅屋。朋友们因为这里是"三顾"所在，为他们赠送了"茅庐"的雅号，于右任还题写了这一雅号。

因公务，顾毓琇主要待在重庆城，或者全国各地到处跑，但夫人王婉靖和子女都在北碚，他一般周末都回家，有时中途也会回来。1940年6月24日，日寇第二次轰炸北碚时，身心疲惫的顾毓琇正卧病于茅庐中，眼见自己亲自从清华大学带出来的珍贵书籍资料被燃烧弹击中，毁于熊熊大火，痛彻心扉！

1938年初，国民政府教育部为世界佛学苑汉藏教理院拨款，要求其编纂汉藏合璧的教科书，在教理院成立了编译处和刻经处，均由顾毓琇主持工作。至1944年，《藏文读本》《佛教各宗派源流》《比丘学处》《菩萨戒品》等佛学著作陆续出版。这一时期,顾毓琇在北碚与重庆之间频繁往来,与太虚法师、虚云法师等高僧亲密接触,经常听他们讲解佛学义理,谈论佛禅意趣,深受影响。

1944年5月14日,印度大学副校长罗达克西兰到缙云山汉藏教理院进行文化交流,陪同他的是时任国民政府战时教育部政务次长兼战时教育委员会主任委员顾毓琇和中国乡村建设学院代院长瞿菊农,汉藏教理院太虚大师和法尊法师盛情接待。

汉藏教理院里,几位大师的相会,是中印文化的相互感应。罗达克西兰精彩的讲座结束后,顾毓琇一行又与太虚大师和法尊法师进行了深入的交谈。相同的人文情怀和极高的人文素养,使他们的交谈甚是投缘。

临别前,顾毓琇和瞿菊农应太虚大师之请,在一本宣纸册上题字。

顾毓琇挥毫写下自己的旧作《游南华寺》:

顿悟离名相,真常不二门。
菩提非有树,叶落自归根。
地净花无住,心明性乃存。
一尘浑不染,万象尽皆春。

瞿菊农也挥毫写下:

人天合一,宇宙大同。四海一家,和平永住。

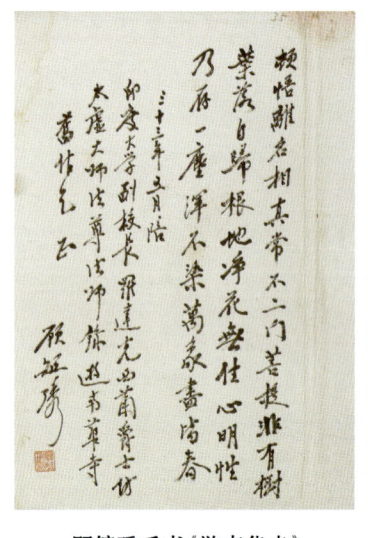

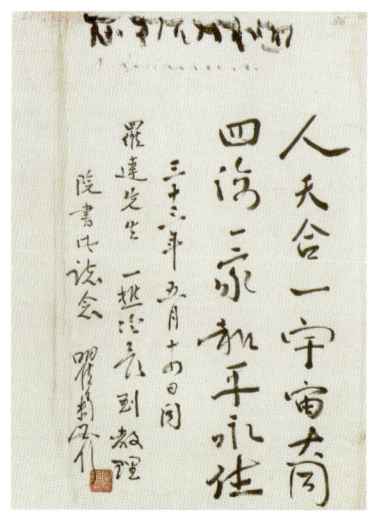

顾毓琇手书《游南华寺》　　　　**瞿菊农手书**

后来，顾毓琇便着手研究佛学，出版了《禅宗师承记》和《日本禅宗师承记》等专著。1979年，他的英文巨著《禅史》震撼国际佛学界，赢得了佛教人士的高度评价。

1940年，国民政府教育部在青木关成立了国立音乐院，顾毓琇出任首任院长，不久组建了国立交响乐团，并创设了国立礼乐馆。他自幼通晓音律，也多以诗词唱和，留学时又对西洋音乐多有研究。国立交响乐团排演贝多芬的《第九交响曲》时，众人面对德文版《欢乐颂》面面相觑，无计可施。顾毓琇以自己扎实的文学功底和德文基础，很快将原作翻译成中文，第一次将《欢乐颂》完整地引入中国。在此期间，顾毓琇通过细密的计算和与西洋音律的比较，得出了黄钟标准音为三四八频率的科学结论，获得了中国音乐学会的一致表决通过。1942年，顾毓琇在《乐风》杂志第2卷第4期上发表了《黄钟定音记——为庆祝中国音乐学会成立而作》。

1950年,顾毓琇移居美国,被聘为麻省理工学院教授、宾夕法尼亚大学终身教授。顾毓琇在科学研究、艺术创作等多个领域游刃有余、遍地开花,是名副其实的左手谙熟人文艺术,右手精通数理化工的旷世英才。晚年,他用自己的大部分积蓄在国内捐资助学,在多所高校设立奖学金,鼓励青年学生努力进取、为国争光。江苏无锡的顾家旧居承载了他儿时的梦想和一个家族的记忆,在生命弥留之际,他也将它捐献给了国家。2002年的重阳节,顾毓琇在大洋彼岸长眠于世。在一个世纪的春秋轮回中,他见证了中国百年历史的沧桑巨变。

邓子琴

邓子琴（1902—1984），字永龄，云南昭通永善人，民族历史学家，在四川和西南少数民族史的研究上，作出了开拓性的贡献。

邓子琴家是书香门第，后家道中落。母亲廖氏一个人扛起家庭重担，生活艰难。12岁那年，邓子琴离家到昭通读高小，两年后，转入永善县立高小。1918年，考入昭通省立第二中学，半年后辍学，后考取曲靖省立第三师范学校。由于成绩优异，于1923年8月经云南省教育厅考送成都国立高等师范国文部学习。

1927年，邓子琴在成都国立高等师范国文部完成学业后，进入第四中山大学（后更名为中央大学，南京大学的前身）哲学系插班学习。就学期间，他得到著名学者汤用彤的指导，并与熊十力朝夕相处，经常谈论学术。

1933年，在云南省教育厅任督学时，邓子琴翻译出版了印度的《阿输迦王石刻》。

1935年秋，邓子琴赴乡村建设研究院山东省菏泽分院任教，主讲中国文化要义、国学概论等课程。

抗战全面爆发后，受钟芳铭聘邀，邓子琴在璧山中学任教务主任。其间，他著有《中国佛学史》，后又撰写了《隋唐佛教史》《佛家哲学基本问题》《佛家哲学要论》3部专著，但未出版，直至后来病重时，西南师范学院历史系派人整理其积稿时才发现。

1943年至1948年，邓子琴一直在国立社会教育学院（简称"社教院"）任教授，讲授风俗通论等课程，出版了《中国礼俗学纲要》。抗战胜利后，社教院迁驻南京，邓子琴走遍各地寺院，搜集各类碑刻铭文，编成《栖霞碑文录》。

1949年1月，应梁漱溟之约，邓子琴到北碚勉仁文学院任教至重庆解放。

1950年8月，邓子琴到西南师范学院史地系任教，讲授中国通史课，他一边编写课堂讲义，一边在课堂讲义的基础上进行二次加工整理，编写出了《隋唐五代史讲稿》和《宋辽金元史讲稿》。其中，《隋唐五代史讲稿》1957年由西南师范学院历史系打印装订成册，参加中央人民政府高等教育部主办的高校教材讲义展览，受到了学术界的一致好评。

1956年，邓子琴加入中国共产党。由于他工作积极，勇担重任，成绩突出，多次被评为系、院、市先进工作者，光荣地出席了全国第一届先进工作者代表大会。

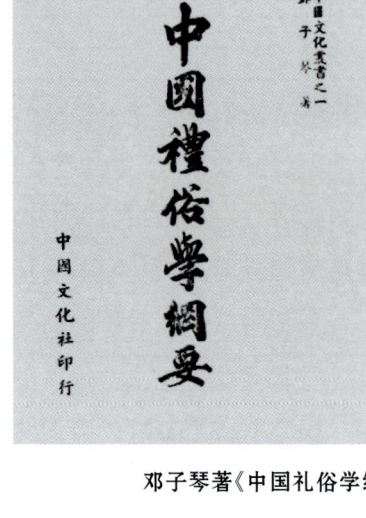

邓子琴著《中国礼俗学纲要》初版封面和版权页

在治学、教学上，邓子琴常以"躬自厚而薄责于人"自勉。邓子琴为人实诚，做学问更是扎实求真，熊十力称他"是一个深厚朴实的书生"。在少数民族史学研究方面，他更是把学问做到了山间旷野，把论文写在了少数民族聚居的穷乡僻壤，用脚步和笔墨将真切的生命体验融入精深的学术思想中。在20世纪五六十年代，邓子琴多次率历史考察队前往西藏、内蒙古等地考察，写出了大量边藏民族史论文和著作。他开设了四种少数民族历史课，对四川和西南地区少数民族史的研究作出了开拓性的贡献。同时，他还在甘孜、阿坝两地搜集到历史文物600余件。

邓子琴不仅学风严谨，而且知识渊博，对英文、德文、法文、日文、梵文、藏文和彝文都有一定造诣，且能用藏文写诗。他早年学乾嘉以来的考据学，后学习各种语言文学，特别擅长古典诗词。他多年担任中国古代史、隋唐佛教哲学思想、中国礼俗学、金石文字等方面的教学和研究工作,著述丰富而有见地。

邓子琴一生涉猎甚广,他不仅是一位满腹经纶、博学多闻的学者,也是一位心怀苍生、悬壶济世的医者。他对我国传统医学钻研甚深,自学成才。为了方便群众,他常常以精湛的医术免费出诊,甚至送药上门,将医者的仁心播撒在璧山、北碚、忠县、梁平等山城大地,深受人们的爱戴。

纵观邓子琴五十多年的学术研究生涯,他"走的是一条文学—哲学—史学、文史哲贯通的治学道路"[1],这是与他感受时代、跨越千山万水的生命体悟相辅相成的。碧水长天、青山渡口,在偏远的少数民族地区考察期间,邓子琴也不忘以诗篇怡情。1982年,他的学生选录邓子琴在1927年至1976年间所作的50多首诗,编印成《师马鹤斋诗录》,作为邓子琴八十寿辰的贺礼。

1984年6月11日邓子琴在重庆市逝世,好友孙自诚所作悼词是对邓子琴人格风范的最好概括:

民族深研留巨著,诗词清逸显奇才。
慈祥宽厚人称颂,霁月光风长者怀。

---

[1] 何汝泉.邓子琴史学成就述略[J].西南师范大学学报(人文社会科学版),2000(5):56.

姜惠周

北碚的玻璃器皿造型精美、色彩瑰丽、折光丰富、晶莹透亮,具有独特的民族风格,在海内外享有盛名。外国友人认为它是"没有钻石,但闪耀着发自钻石般的夺目光辉;没有流水,却有着流水那样清澈和晶莹"[1]的艺术品。北碚的玻璃器皿中,富有艺术气息的磨花(亦称"刻花")玻璃器皿最早出自我国著名的"磨花大王"姜惠周之手。

姜惠周(1902—1981),本名国恩,出生于辽宁省金县。1917年到日本人开办的大连硝子试验所当学徒,学习玻璃器皿磨花精雕。经过数年的勤学苦练,姜惠周掌握了磨花精雕技艺的精髓,在同行中技艺高人一等。20世纪20年代,他带着自己设计磨制的花瓶,参加了莱比锡万国博览会,赢得了声誉,从此受到日本技师的器重。1927年1月,姜惠周离开大连到上海协昌玻璃厂谋职,他高超的磨制灯罩"划边"技艺,令日本技师赞叹不已。抗战全面爆发后,姜惠周转赴重庆,先后在瑞华玻璃厂、国兴玻璃厂任工程师、厂长、总经理等职,后又自办中央玻璃厂、中国玻璃厂。

抗战胜利后,姜惠周继续留在重庆,1951年受聘到北碚玻璃厂当工程师。当时玻璃厂规模较小,只有32个职工,

---

[1] 凡奇,共工.当代中国工艺美术品大观(上)[M].北京:北京工艺美术出版社,1993:334.

1盘炉子，6个罐子，产品也只有安瓶、小口瓶和蒸馏水瓶三种。看到简陋的玻璃厂，姜惠周毫不气馁，迎难而上。他将之前办中国玻璃厂的生产工具运到厂里，将陈东华等30多名工人先后介绍进厂。同时建议扩大厂房，新建磨花车间。经过短期的修整，北碚玻璃厂很快便开始生产磨花和机压器皿产品。1954年，北京召开玻璃工业会议，姜惠周精心磨制了8个磨花盘子，交由厂长徐铭带去参会，受到玻璃界前辈的交口称赞，称姜惠周是中国的"磨花大王"。在姜惠周的带领下，北碚玻璃厂生产出了大批精雕磨花器皿。

1958年，姜惠周同老搭档陈东华精心设计并雕琢出晶质精刻磨花玻璃器皿，带到北京展出，引起轰动。1959年，北碚玻璃厂为北京人民大会堂等十大建筑生产出上万件磨花玻璃器皿。从此，北碚的"荷花牌"玻璃器皿名满天下。[1]1965年，重庆市玻璃公司成立，专设北碚玻璃器皿厂，姜惠周担任副厂长。该厂生产的高级玻璃器皿开始走出国门，销往海外。1978年，北京举行全国工艺美术展览会，北碚玻璃器皿厂送去的50件"荷花牌"晶质刻花器皿，独具匠心，被誉为"高、精、尖"的艺

北碚玻璃器皿

---

[1] 凡奇，共工.当代中国工艺美术品大观（上）[M].北京：北京工艺美术出版社，1993：335.

术品,1979年荣获国家银质奖章。后来,北碚玻璃厂的玻璃器皿产品发展到灯具、酒具、果盆、烟具等300多个品种,花色繁多,造型丰富,先后在欧美、日本和东南亚等地展销。

  在相当长一段时间里,我国用在工业生产和化学实验上的耐高温玻璃器皿都依靠进口,熔炼这种玻璃须有特殊耐火材料砌的熔炼炉,燃料要用干馏煤气。当时北碚玻璃厂使用的都是由普通白泡石砌的土炉子,烧的是泥煤,不能精熔高硼矽粉料。为了节约生产成本,打破国外的技术垄断,20世纪80年代初,姜惠周带领试制小组废寝忘食,连日论证分析,制订出周密的研制计划。在试验最关键的阶段,姜惠周和试制小组成员日夜坚守,等待着几百摄氏度高温的料液流出。经过近一年的奋战,北碚玻璃厂终于用白泡石池炉炼出了重庆第一块高硼矽玻璃。很快,北碚玻璃厂的高硼矽玻璃产品就热销全国,各地的订单铺天盖地而来。1984年,北碚玻璃厂建成了我国第一座高硼硅(硼硅含量80%以上)玻璃全电熔窑炉,彻底打破了我国耐高温玻璃器皿依赖进口的局面。

  任何一件精致的器皿都积淀着经年累月淬炼而成的高超技艺,姜惠周的娴熟技艺为北碚的玻璃工业注入了生机和活力,使其能够在民族工业中脱颖而出,享誉世界。尤其是对制造耐高温玻璃器皿技术的攻克,推动整个中国玻璃行业前进了一大步,彰显出姜惠周执着专注、守正创新、精益求精的工匠精神。

尹赞勋

尹赞勋(1902—1984),字建猷,河北平乡人,著名地质学家、古生物学家。我国地层规范的创始人,志留系研究的奠基人,无脊椎古生物学的开拓者之一。其学术研究领域包括古生物的许多类、显生宙各个系的地层及能源和矿产资源研究,尤以对志留系软体动物化石和笔石化石的研究而著名。

尹赞勋

1923年,尹赞勋到法国学习法文,1925年夏,考入法国里昂大学,1931年获理学博士学位。

1931年归国后,尹赞勋受聘于实业部地质调查所,担任调查员、技师、技正,同时在中法大学生物系和北京大学地质系兼课。尽管教学工作十分繁忙,但尹赞勋始终坚持古生物学的研究工作,开展中国早期地质调查与研究,其所开展的大量地层古生物工作,尤其对志留纪地层和化石的研究为我国地层学发展树立了典范,成为我国古生物学、古生态学、地层学的重要奠基人之一。

1937年南京沦陷前,尹赞勋带着一家人撤离南京,前往安庆避难。1939年10月,尹赞勋调任经济部(1938年实业部改称经济部)地质调查所昆明办事处主任。1940年2月,又调到北碚任经济部地质调查所副所长。家人赶到北碚与他团聚,生活才暂时安定下来。

　　日机四次轰炸北碚,尹赞勋家的住房也险些被炸毁。战时的北碚,物价飞涨,尹赞勋这个全家唯一挣工资的家长,又患有严重的胃病,贫病交加,生活十分窘迫。生计所迫,那时许多人都被迫变卖工作和生活的必需品,尹赞勋的八大箱书都丢在了南京,无书可卖,只好卖皮大衣,卖打字机。就是在这样的艰难困苦中,他和他的同事们仍然克服重重困难,在古生物学和地层学方面取得了许多影响后世的重要成就。

　　1940年,在中国地质学会理事会上,尹赞勋被公推为第十七届理事会理事长,同年下半年,又被任命为地质调查所代所长。正是在这一时期,尹赞勋引进了美国首创的古地质学理论和古地质图制图方法,绘制成了我国第一幅古地质图。这一成果对我国的地层研究、探矿和了解地质演变都有很重要的作用,受到了地质界的高度赞扬。

　　1940年5月,尹赞勋起草并征得多数理事通过的《中国地质学会会歌》,经杨钟健定稿,作曲家黎锦晖谱曲,请学会大会首次试唱。"大哉我中华!东水西山南石北土真足夸。泰山五台国基固,震旦水陆已萌芽。古生一带沧桑久,矿岩化石富如沙。降及中生代,构造更增加。生物留迹广,湖泊相屡差。地文远溯第三纪,猿人又放文明花。锤子起处发现到,共同研讨乐无涯。"会歌气势豪迈,充分表达了面对山河破碎的祖国,科学家们秉持科学救国和科技报国的理想信念,威武不屈、自强不息的精神,以及身为华夏儿女的骄傲和自豪。

任地质调查所代理所长时,虽然由于经济部上层官员的原因,尹赞勋受到了极不公正的待遇,但他仍以工作为重,尽职尽责,挑起了从事科学研究和业务管理的重担,他自己的科研工作也没有因为担任代理所长的职务而有丝毫松懈。1940年,他开始着手古地质方面的研究。他从美国引进了新的地质学理论和制图方法,对贵州遵义一带的栖霞海侵前后的地层分布进行了周密调研,绘出了该区域的古地质图,这有利于阐明该区域地质环境的历史演变并寻找矿产资源,受到中国地质学界的高度赞誉。

1941年3月,地质调查所在沙坪坝重庆大学举行了中国地质学会第十七届年会,尹赞勋发表了题为"中国地质工作之新进展"的演讲。会后,在沙坪坝举办了盛况空前的地质展览会,观众达数万人次。年末,尹赞勋主持的纪念中央地质调查所成立25周年纪念大会在北碚召开,12月14日,还编印了《中央地质调查所概况》纪念专册,影响很大。

因与旧官场格格不入,1942年,尹赞勋愤而辞去代理所长职务,由李春昱接任所长。

在北碚的几年中,地质调查所在黄汲清、尹赞勋和李春昱三任所长的努力下,科研成果丰硕,出版事业不断。地质调查所还积极探测抗战和军工所需要的矿产资源,把地质与矿产调查工作区域转向大后方的西南、西北诸省,除找到了攀枝花铁矿外，还发现了贵州铝土矿、云南磷矿、广西铀矿等一批重要矿产地，为抗战胜利作出了卓越的贡献。

1948年下半年，随着国民党军队在战场上的连连惨败，国民政府指定自然科学研究所等科研机构迁往台湾，尹赞勋所在的地质调查所规模最大，人员最多。当时担任古生物研究室主任的尹赞勋表示坚决不走，得到了绝大部分人的响应，地质调查所成为抵制迁台最有力的单位之一。

中华人民共和国成立后，尹赞勋先后担任全国地质工作计划指导委员会第一副主任、中国地质学会理事长、中国古生物学会理事长等多项重要职务，并当选为中国科学院学部委员（院士）、地学部主任，为新中国的地质事业作出了极大贡献。20世纪50年代末，尹赞勋又为大庆油田的发现立了新功。

1979年1月，77岁的尹赞勋加入中国共产党。

20世纪80年代，尹赞勋仍带病参加各种学术活动，积极建议加强地球科学基础研究，推动中国参与国际合作"岩石圈计划"。在住院期间，他仍惦念着地球科学的改革，向中国科学院、中国地质大学等提出多项改进教学、加速人才培养的措施和意见。

梁实秋

梁实秋（1903—1987），原名治华，字实秋，笔名子佳、秋郎等，祖籍浙江杭州，中国散文家、翻译家。

梁实秋出生于北京，早年就读于清华学校，参与发起清华文学社。1923年起，先后在美国科罗拉多大学、哈佛大学、哥伦比亚大学修习英语、英美文学，获文学硕士学位。1926年归国后，先后受聘于东南大学、暨南大学、青岛大学、北京大学等校。1938年秋，梁实秋途径武汉转往重庆，1939年至1946年寓居北碚，在北碚度过了七年的艰苦岁月。

梁实秋的祖父是北平"厚德福饭庄"的大股东。梁实秋到北碚以后，厚德福在北碚开了分号，以清蒸鱼翅、瓦块鱼、溜黄菜为招牌菜品，颇受"下江"文人的喜爱。1940年5月，饭庄在日机空袭中被炸毁，就此关停。重庆"五三""五四"大轰炸之后，梁实秋与吴景超、龚业雅夫妇在当时江苏省立医院斜对面的北碚梨园半山坡上购得一处寓所。这是一幢有六个房间、可分作三个单位的平房，主体墙面系夹壁墙，柱子架梁均用木椽做成，屋顶的盖瓦稀疏，下雨时犹如漏筛，窗户虽大，但没有玻璃，风对穿吹过，屋中洞若凉亭。房间正中挂了一幅《雅舍图》，两侧墙壁各有一首七律诗，给房间增添了雅兴。屋子远近无一住户，周围树密林深，潮湿阴冷，终年老鼠结伴，夏秋蚊声如雷。此地虽偏僻荒凉，但观其景色，可以与"有崇山峻岭，茂林修竹，又有清流激湍，映带左右"的兰亭相媲美。夜晚，月光清辉，树影斑驳，四野无声，甚是幽绝。为了邮递方便，梁实秋取龚业雅名字中的"雅"字，将此处唤作"雅舍"，一是表示他们之间的友谊，二是衬托此地的雅致和自己乐在其中的心绪。他还亲书牌匾，悬挂于院门之上。七年间，梁实秋的"雅舍"总是高朋满座，他与友人在此吟诗作画，酣饮品茗。

梁实秋故居——"雅舍"

1940年1月，梁实秋与寓居北碚的卢前等人奉命参加了国民参政会华北慰劳视察团。他们经成都,过绵阳,穿剑阁,抵汉中,到宝鸡,直到西安。此后又翻越中条山,直抵华北前线,辗转多地,访问了五个战区七个集团军司令部,又南下湖北襄阳,在快活铺访问了张自忠将军所在的三十三集团军司令部。张自忠将军用以豆腐、青菜为主的火锅招待他,这让他对张自忠将军艰苦朴素的作风心生敬佩。采访间,梁实秋被司令部简陋朴素的办公环境和张将军温恭蕴藉的气质深深打动,用细腻的笔触记录下自己的所见所闻,字句间尽是深情和敬重。3月中旬,梁实秋回到北碚后,整理写出了很多战地报道。

1939年以后,战局日益紧张,前线军费、军粮消耗巨大,后方供应的压力也逐渐增加。像重庆这样人口密集的后方城市经常发生饥荒,人民生活困苦。梁实秋在前线慰劳时,目睹了抗日将士们以稀饭充饥的现实情况。他在北碚居住期间也看到了民众生活的清苦,他自己因为长期吃平价米,里面常有砂石稗秕,难以消化,患上了盲肠炎。1941年,由于病情反复,梁实秋还遭受两次剖腹之痛。中华教育电影制片厂厂长李清悚特意题诗来戏说此事:

  十年世变看应老,底事秋郎独断肠?岂为莎翁扮肉券,几教多士学心衷。

  不妨肝腑洗千下,算是人生又一场。莫笑黄雏供齿颊,鸡虫得失固茫茫。[1]

---

[1] 梁实秋.北碚旧游[M]//梁实秋.梁实秋作品.槐园梦.2版.哈尔滨:北方文艺出版社,2018:87.

1942年，中小学教科用书编辑委员会（简称"教科书编委会"）并入国立编译馆，梁实秋担任编译馆社会组主任，后又任编译馆编译委员会主任。同时，他还兼任复旦大学外国文学系教授和国立社会教育学院电化教育专修科教授，讲授西洋戏剧史。此时，戏剧家赵太侔和女诗人方令孺也在教科书编委会工作，且二人的居住地距离雅舍较近，梁实秋时常与他们品茗聊天。一天，梁实秋在方令孺处偶得英文版的《呼啸山庄》，并尝试翻译，当时书名译作《咆哮山庄》。译毕，方令孺和赵清阁认为不仅故事感人至深，译笔也很有魅力。赵清阁还将小说改编成话剧，取名为《此恨绵绵》，由国立歌剧学校在北碚公演。

老舍和梁实秋年龄相当，二人都是驰名中外的作家，虽然相互欣赏却从未谋面，直到1940年经王向辰引见，这两位"老熟人"才得以相见。两人在他乡相遇，甚是热情，谈话间都有相见恨晚之感。此后，两人在生活上相互照应，在文学上相互切磋。1943年夏，老舍夫人胡絜青来北碚时，梁实秋聘其到国立编译馆担任编审，解了老舍一家人的燃眉之急。1944年，老舍与梁实秋在献金募捐劳军晚会上同台出演相声。两人一胖一瘦，本就诙谐，光往台上一站，绷着脸不发言，台下的观众就已经开始捧腹大笑了。老舍以创作小说、话剧的幽默笔法来表演相声，梁实秋与之配合默契、珠联璧合，台下掌声雷鸣。

刘英士和梁实秋都曾是清华文学社的成员，刘英士对梁实秋的文笔很是欣赏。1940年，刘英士在重庆创办《星期评论》杂志，约梁实秋写稿，并为他辟出一个专栏，要求他每期写一篇两千字的文章，其中第一篇就题名为《雅舍》，署名为"子佳"。文章立足梁实秋在重庆期间的生活，反映了时代、社会的丰富面影。专栏一经问世，就引起了广大读者的注意，大家纷纷议论，"子佳"究竟是何许人也？文艺理论家朱光潜给梁实秋写信，高度肯定这一系列随笔散文的价值，认为这部分文章"对于文学的贡献在翻译莎士比亚的工作之上"[①]。抗战胜利后，梁实秋将1939年至1947年创作的34篇散文辑成《雅舍小品》第一册，1949年在台湾出版，在海内外产生了广泛影响。1949年梁实秋到台湾之后，继续创作了《雅舍小品》109篇，各地均有印制发行，多年畅销不衰，形成了盛极一时的"雅舍小品现象"。

"一个人应当像一朵花，不论男人或女人，花有色、香、味，人有才、情、趣，三者缺一，便不能做人家的要好朋友。我的朋友之中，男人中算实秋最像一朵花。"[②]冰心将梁实秋比作鸡冠花，此花在春夏之际默不作声，当秋风萧瑟，人们心情日渐忧郁时，它才会热情绽放。梁实秋的淡泊风流有类孟东野，抗战期间的流亡生活也并未消弭他的文学之才、自然之情和生活之趣。文如其人，他的文字淡雅清新，没有鲁迅的犀利，也没有老舍的厚重，却内涵丰富、力量十足。

1946年梁实秋回到北平，担任北平师范大学英文系教授兼系主任；1949年到台湾后，担任台湾师范学院（今台湾

[①] 梁实秋.梁实秋散文集(第2卷)[M].长春：时代文艺出版社，2015：159.
[②] 冰心.冰心全集(第3卷)[M].福州：海峡文艺出版社，1994：229.

师范大学)英文系主任、文学院院长等职,主编有《远东英汉大辞典》,译有《莎士比亚全集》《世界名人传》,著有《冬夜草儿评论》《文学的纪律》《偏见集》《秋室杂文》《秋室杂忆》《槐园梦忆》《白猫王子及其他》《英国文学史》等。

孙寒冰

孙寒冰（1903—1940），原名锡琪，又名锡麟、锡麒，江苏南汇人（今属上海），曾任复旦大学教务长兼法学院院长。

1923年至1927年，孙寒冰先后在美国华盛顿州立大学和哈佛大学研究院攻读经济学科，广泛涉猎文学、社会学、政治学。

四年的留学经历使孙寒冰获取了宏阔的国际视野。1936年，全面抗战的大势已然形成，孙寒冰主张利用复旦大学图书馆的大量中外书报创办一个"杂志之杂志"，即将各杂志中关于世界大势的名家学谈摘录下来重新编排，为抗战创造有利的舆论环境。杂志定名为《文摘》，于1937年元旦正式创刊，孙寒冰任主编，由黎明书局出版发行，以"暴露敌人阴谋，促进全国团结，为抗战做准备"为编辑方针。卢沟桥事变之后，孙寒冰大胆提出"中国必胜，日本必败"的论点，相继刊载美国记者斯诺笔录、汪衡翻译的《毛泽东自传》和斯诺撰写的《两万五千里长征》（即《西行漫记》）。

淞沪会战之后，上海沦陷，孙寒冰认识到宣传抗战的迫切性,果断将月刊变成旬刊,称为《文摘战时旬刊》。1937年8月,杂志第二卷第二期便刊出了"卢沟桥浴血抗战特辑",这标志着孙寒冰以《文摘》为阵地,要开辟"一条以传媒为导向的救国之路"①。复旦大学内迁时,孙寒冰因病被困上海租界,此时不但要克服财务困难,还要想方设法在日军眼皮底下获取资料,即便如此,孙寒冰仍旧带领编辑同人挤在十余平方米的书室里,夜以继日地咬牙坚持,不曾中断。

  1938年12月,孙寒冰西进重庆,来到北碚夏坝,回到复旦大学担任教务长兼法学院院长。这时,《文摘》编辑部从汉口转移到重庆,已经停刊近两个月。他到任后第一件事情就是成立复旦大学"文摘社",恢复出版《文摘战时旬刊》,并声明《文摘》依然坚持"中国必胜,日本必败"的观点,现阶段的任务就是"收集敌人必败的各种材料,披露出来,加强我们抗战必胜的信念"②。

  随着抗战的深入,国共摩擦不断,国民政府的言论控制加剧,《文摘》大量译载进步稿件,出版发行受到影响。在1940年5月11日出版的旬刊第六十八、六十九期合刊上,三篇重要文章送检时被删去,刊物大片空白。孙寒冰在《编者几句话》中指出:"文摘和其他一切文化战线上的战友一样,具有追求真理的热和改善世界的诚。……客观地介绍各方面的言论和我们所生活的今日世界上所发生的变化,使读者

---

① 施立松.被炸死的复旦大学教授——孙寒冰[M]//施立松.一个人的抗战.杭州:浙江文艺出版社,2016:176.
② 孙寒冰.孙教务长训话[J].复旦大学校刊(复刊号),1939(1):9.

能够从事实的印证找出真理的所在,能够跟着世界的前进而前进。……如果我们发现真理站在那一面,我们将在环境的许可下尽可能站出来为它说话。"①为了这"热"与"诚",孙寒冰节衣缩食、风雨兼程、勤苦自艰又乐此不疲,甚至将生死置之度外,让《文摘》在风雨飘摇中绚丽绽放。

时任复旦大学校长吴南轩说:"孙寒冰是《文摘》的灵魂。"而《文摘》也成为一种"文化战士"的符号。1938年3月,孙寒冰在给好友章益的信中写道:"各方对《文摘》不论怎样批评,我们以'抗战第一'为宗旨,其本身在文化上已形成一大势力,实不忍使其夭折。"②

1940年起,日军对重庆由原来的军政区重点轰炸转为无差别的大规模地毯式轰炸,北碚虽为文教区,也不能幸免。1940年5月27日,日机轰炸北碚,30余架敌机低空飞行,几架或几十架地一字排开,像层层乌云横压过来,篦头发似的一遍遍地轮番投弹扫射,复旦大学校园和整个黄桷镇笼罩在一片冲天的火光和蔽日的浓烟中。下午一点多,敌机发起第四次空袭,此时孙寒冰正在与学生讨论《文摘战时旬刊》的组稿问题。空袭警报响起时,他们还没来得及躲避就被炸身亡,七名师生当场遇难。

---

① 编者几句话[J].文摘战时旬刊,1940(68,69):1527.
② 章益.忆寒冰[J].文摘战时旬刊,1940(71):1559.

位于北碚东阳的孙寒冰墓

当晚,学校为遇难者设了灵堂,师生们围着孙寒冰等人的遗体默哀,泣不成声。重庆、成都、桂林等许多地方都开了追悼会,发来的唁电不计其数。孙寒冰教授因坚持真理,坚持民主,受到进步人士的怀念。郭沫若曾写挽诗云:

> 战时文摘传,大笔信如椽。
> 磊落如肝胆,鼓吹动地天。
> 成仁何所怨,遗患正无边。
> 黄桷春风至,桃花正灿然![1]

孙寒冰对《文摘》的设想和抗战的决心,并没有因他的离去而消逝。在孙寒冰殉难后,他开创的《文摘》事业未曾中

---

[1] 梁永安.日月光华同灿烂——复旦作家的足迹[M].上海:复旦大学出版社,2005:464.

断,《文摘战时旬刊》一直出版到1945年8月的第136期。抗战胜利后,《文摘》杂志社随复旦大学迁回上海,继续出版该刊,1946年10月续出第137期,改回原《文摘》名,并同时以卷记期,即第10卷第1期,直至1948年出至第14卷第4期,即总第181期后停刊。接续办《文摘》的同人始终铭记着孙寒冰这位杂志创办者的功勋,每一期杂志封面上都赫然印有"孙寒冰创办"的标记,并按时出版孙寒冰纪念专号,复旦大学也特建"寒冰馆"以示纪念。

黄汲清

黄汲清(1904—1995),原名德淦,四川仁寿人。著名构造地质、大地构造、地层学和石油地质学家,曾被誉为"一代宗师,地学泰斗",在中国石油系统也有"中国石油之父"之称。1938年,黄汲清主持的经济部地质调查所(后改为经济部中央地质调查所)搬迁至北碚的中国西部科学院,在北碚继续地质勘探事业,直至抗战胜利。

黄汲清

1921年,黄汲清就读于天津北洋大学,后转入北京大学地质系,1928年毕业后,进入北平实业部地质调查所。1930年至1932年间,黄汲清连续撰写了《秦岭山及四川地质之研究》(与赵亚曾合著)、《中国南部二叠纪珊瑚化石》、《中国南部之二叠纪地层》(与尹赞勋合著)等6部专著。其中《中国南部之二叠纪地层》奠定了中国二叠纪地层划分的基础。[①]

1932年夏,黄汲清由中华教育文化基金会资助前往瑞士伯尔尼大学、浓霞台大学深造,获理学博士学位。1936年

[①] 程裕淇,陈梦熊.前地质调查所(1916~1950)的历史回顾——历史评述与主要贡献[M].北京:地质出版社,1996:263.

回国,被国民政府任命为经济部地质调查所所长,主要负责国家地质矿产调查,尤其是西南地区的石油、天然气及其他矿产资源的调查。曾率队前往甘肃、青海、新疆等地考察,发现了我国第一个工业油田——玉门油田。

1938年7月,武汉战事紧迫,黄汲清组织中央地质调查所几经周折于次年迁到北碚西部科学院内。从此,他与北碚建立起无比深厚的情感。1939年3月1日至4日,在中国地质学会第16次年会上,会议主持人黄汲清发出了感叹:"西部科学院也可以说是难民的收容所,这些难民可以说是科学的难民。"

1940年,黄汲清致函卢作孚:"回忆两年前各机关感先生及子英先生盛意,欣然迁来北碚,并蒙假惠宇房舍以办公,复借予地皮使建新屋,时至今日惠宇一带已形成科学事业中心,外人且有北碚为中国战时科学中心之说。"

当时,地质调查所为了探测抗战和军工所需要的矿产资源,在西部科学院的协助与合作下,地质与矿产调查工作区域转向大后方的西南、西北诸省,除找到了攀枝花铁矿外,还发现了贵州铝土矿、云南磷矿、广西铀矿等一批重要矿产地,为抗战胜利作出了卓越的贡献。

内迁北碚后,他与陈秉范进入四川隆昌圣灯山展开调研,发现了我国第一个工业气田——圣灯山气田,同时领导了四川威远地区1:10000地质填图和天然气普查工作。1939年至1941年,黄汲清率队进入四川江油、自流井、乐山等地进行石油地质调查,在大渡河畔的铜街子二叠纪茅口灰岩中发现了天然气苗,推翻了德国学者关于四川天然气方面的研究定论。

1942年10月至1943年4月,黄汲清率领新疆石油地质调查队,与杨钟健、程裕淇、周宗浚、卞美年、翁文波等对新疆天山展开了为期半年的地质调查。冬春季节,新疆气候恶劣,寒风凛冽,最低温度可达零下三四十摄氏度。考察队白天在山间旷野调查,晚上在煤油灯下撰写工作简报、梳理笔记。1943年10月,黄汲清与杨钟健合编的《新疆油田地质调查报告》终稿,书中的"陆相生油论"和"多期多层生、储油论"为我国油田开发提供了新的参照。

在黄汲清等人的努力下,那段时间地质调查所科研成果丰硕,出版事业不断。出版物涉及地质、古生物、燃料研究、地球物理、地震、土壤等12类共19种,形成系列。完成、发表《中国主要地质构造单位》(黄汲清)、《中国南部三叠纪化石之新材料》(许德佑)、《禄丰蜥龙群原始哺乳类之新观察》(杨钟健)等科学论文、报告120篇。

1945年,历经一年多的思考和整理,黄汲清的中国大地构造学奠基之作《中国主要地质构造单位》完稿,其中提出了多旋回造山的著名论断。《中国主要地质构造单位》是我国大地构造学的第一部专著,也使黄汲清成为我国历史大地构造学的奠基人。[①]

[①] 程裕淇,陈梦熊.前地质调查所(1916~1950)的历史回顾——历史评述与主要贡献[M].北京:地质出版社,1996:263.

1941年,黄汲清(左二)在河西走廊考察

早在1936年,黄汲清就开始主持中国地质图的编撰工作,还制订了详细的行动计划,但因全面抗战爆发而搁置。1945年,中央地质调查所抽调青年学者重启这项工作。黄汲清亲临一线,从选择、测量、描述、采集到作图,黄汲清都要作详细指导,还要检查年轻人的工作记录本。在工作中如若发现重大错误,他会立即要求返工。当时我国在地质研究领域刚刚起步,绘制地质图困难重重。一方面,资料的严重缺乏为工作人员的测量、绘图增加了难度;另一方面,工作人员分布在全国各地,工作方式各有不同,最后的拼接难度

较大。即便如此,1947年夏,1幅1∶3000000的中国地质图和17幅1∶100000的国际分幅地质图还是如期面世。[①]这项浩大的系统工程,汇集了自我国地质事业开创以来至20世纪40年代末我国野外地质调查资料及所有的区域地质成果,对我国的地质制图事业具有开创性的意义,对20世纪50年代全国大规模的矿产资源普查勘探和1∶200000区域地质调查,起到了直接的指导作用。

1952年后,黄汲清历任西南地质局局长、地质部石油地质局总工程师、中国地质科学院副院长及名誉院长、中国地质学会理事长等,当选为中国科学院院士。"达人所之未达,探人所之未知。"黄汲清一生与山川岩石为侣,与深谷峻岭为伴,自然界的宏伟和浩瀚吸引着他。在祖国的地质科学事业上,他从未停下矫健的步伐和深邃的思考。

---

① 黄汲清.一百万分之一中国地质图出版了[J].科学通报,1951(5):483.

段虚谷

段虚谷(1904—1977),原名益怀,字虚谷,以字行。四川蓬溪人,西南地区著名的老一代美术教育家、画家。对诗文、书法、金石、史论造诣亦深,具有广博的学识素养。

段虚谷年少时敏而好学,无论是读私塾还是上新学,都刻苦勤奋,学得了丰富的文史知识,不仅诗文写得很好,而且以长于书法绘画为师友所称道。

段虚谷

1925年,段虚谷考入四川省立艺术专科学校,1927年转入上海新华艺术专科学校学习,师从潘天寿、王个簃、诸乐三、方介堪等先生。1928年毕业回川,受聘于四川省立艺术专科学校。担任中国画山水、篆刻、史论等课程的教学工作。其间编写了《山水画入门》《书法》《篆刻学》等教材,参与社会美术活动,是成都地区文学书画组织"蓉社"成员之一。1932年与冯建吴等同道集资创办成都东方美术专科学校,为首任校长,兼任国画山水、篆刻等课程。成立之初为扩大影响、增强竞争力,曾聘请黄宾虹为主任教授入川讲学。

1935年后，段虚谷离开东方美术专科学校，投身于以中学、师范为主的教育事业，先后担任巫山县教育科长、巫山女子师范学校校长，江安中学校长、蓬溪县教育科长，民教馆馆长等职务。1940年至1941年曾在湖北老河口的李宗仁第五战区政治部任文职少校组员，做抗日工作。1949年后在四川蓬溪担任蓬莱中学校长，蓬溪中学教导主任兼国文、美术教师。

1956年，段虚谷调至西南师范学院图画科（西南大学美术学院前身）组建中国画教研室，任教研室主任，并承担山水、书法、篆刻、史论等课程的教学任务。

根据高等师范美术教育对学生——未来专业美术教师重基础知识和基本技能、技法的学习的要求，段虚谷以丰富的组织能力、教学经验，团结教师逐步建立起了一个既富有传统特色又分科明确、师资均衡的中国画教学团队，并编撰了中国山水画、中国花鸟画、中国人物画三科主课的教学大纲。段虚谷将临摹、写生、创作等内容贯穿于主干专业课以及书法、篆刻、史论等课程中，组织编写了相应的讲义，并绘制了教学范画。由此形成了一个完整而颇具师范特色的中国画教学体系。教学中，他多从讲义出发，严谨细致又不拘泥于文本，讲授与示范相结合，深受学生欢迎。

由于长期从事民族传统绘画的研究，段虚谷的山水画作品根基扎实，深受人们的喜爱，被称为"段山水"。他对中国文人画的研究有很深的造诣，所以在他的创作中特别重视意境情思的笔墨表现。他的画风可用"平正典雅，清癯劲健，淡泊萧疏,意境高远"十六个字来概括,笔墨渊源多来自黄子久、文徵明、沈周、石涛、弘仁。他不囿于门户家法的束缚,思路开阔,能兼各家之长,上追宋元,下兼二石、四王、吴恽风范,且避开了旧文人画的消极思想和冷漠荒寒境界,表达出对祖国河山的赞颂之情,充满积极乐观的精神。他的作品书、画、题画

段虚谷画作《山雨欲来》

诗三者俱美,堪称三绝。代表作有《缙云绝顶》《千山红树里》《四松图》《千帆竞发万木争荣》《山雨欲来》等,其作品被王朝闻等人赞许为"意境清幽""平正典雅、朴实苍润……笔墨已趋于化境,时见新意"。

除了画画,段虚谷还与同人一道办学、办书画社,在巴渝开创了现代艺术教育和创作的一片崭新天地。他为人处世豁达大度、心胸开阔,人品与画品一样,达到了很高的境界。因此,段虚谷受到美术教育界、国画界的尊重,是西南地区美术教育、中国山水画发展的重要推动者。清幽的画意,寄托了他对祖国锦绣河山的深情依恋;脚踏实地办学建社的创业经历,则是其回馈桑梓、报效故土的赤子之举。20世纪50年代后,他的艺术创作和传艺足迹,从容地印在了缙云山下、嘉陵江畔的西南师范学院美术系。

卢子英

卢子英（1905—1994），重庆合川人，爱国实业家卢作孚的胞弟。"兄弟同心，其利断金"，卢作孚在嘉陵江畔为北碚绘制了美好蓝图，而卢子英则使这些美好蓝图一一落地生根。

1925年，卢子英考入广州黄埔军校第四期。1927年，卢子英随兄长卢作孚来到北碚，就暗自定下了扎根北碚，建设北碚的目标。他主持的城区规划、水利、电力等重大民生工程，为北碚的建设和生产生活提供了根本性的保障；带有进步性质的图书、电影的普及，为北碚打上了红色烙印。历经二十三年的风雨日夜，他早已在这块土地上扎下了根，是当之无愧的"北碚奠基人"[①]。

初至北碚，22岁的卢子英意气风发，卢作孚对他委以重任，让他出任峡防局团练队副大队长，不到三个月又被调任为学生队队长，主要负责训练、管理青年学生，为当地培养乡建人才。在二哥麾下，卢子英并未自恃特殊，而是以身作

---

① 李萱华.北碚奠基人卢子英[G]//中国人民政治协商会议重庆市北碚区委员会文史资料委员会.北碚文史资料.第6辑，1994：1.

则,不折不扣地完成各项训练任务。冬季下江游泳、夜间越野行军等体能训练,他总是身先士卒;归队时他总是殿后;早起晨练、晚间读书,他总是第一个到场的人。在人才培养问题上,卢子英与卢作孚的思想高度一致,主张通过树立优良的道德风尚,达到相互影响、相互感染的效果。为此,卢子英将名人名言、自己的人生体悟分别汇集编订成《共勉录》《相劝录》,供大家学习。除此之外,卢子英还亲自带领学生开展为乡民种牛痘、清洁街道、调查人口、缓解北川铁路施工危机、到四川各地考察等社会活动,培养学生服务社会、造福百姓的良好品行和实践能力。

抗战全面爆发后,大批机关、团体和各界人士内迁重庆,一时间住房紧缺。北碚等重庆周边地区被划为迁建区,以疏散、安置内迁的人员。担任嘉陵江三峡乡村建设实验区区长的卢子英,按照国民政府的指示,扩大新的建房用地,改造旧的街道、场地,并将连片的街巷划分成大大小小的方块,街道纵横交错、四通八达,如遇空袭便于疏散。在迁建工作中,他心系陷于日寇铁蹄之下的广大国土,于是便以南京、上海、北平、天津等沦陷地的名称为北碚街道命名,以此提醒民众勿忘国耻、奋力抗战。

1942年,实验区署改为北碚管理局,卢子英担任北碚管理局局长。翌年,卢子英主持筹办北碚银行。他主持修建的磨滩高坑岩水力发电厂于1945年建成,随后北碚自来水厂也顺利完工。1948年,他主持修建的民众会堂落成,被誉为"西南之冠"。这些民生工程为北碚的生产生活提供了新的保障。

20世纪40年代的北碚

卢子英早年加入社会主义青年团,在上海、广东等地受到进步青年和共产党人的影响,思想积极进步,拥护支持革命。1933年,他捐给北碚民众图书馆的1308册图书中就有恽代英、萧楚女赠送给他的《新青年》杂志。1937年,他从共产党人漆鲁鱼处得到毛泽东、朱德的抗日言论选辑,随即与斯诺的《中国的新西北》《西行漫记》一同翻印,各2000本。苏联影片《夏伯阳》和一些纪录片是了解苏联的重要资源,卢子英费尽周折,花了100块银圆从重庆国泰电影院把影片和影机租借过来,在北碚体育场播放。

卢沟桥事变后,全国掀起了抗日救亡的高潮,卢子英积极帮助中国共产党领导的重庆救国会在北碚开展活动,进行抗日救亡活动宣传,一时间,北碚的抗日救亡热情高涨、呼声迭起。卢子英和许多共产党人都保持着友好的关系,在开发建设北碚的过程中,他和卢作孚一道,引进了大量人才,其中有很多共产党员。他还安排汪仑、李亚群等大批共产党员进入北碚管理局、报社等机关工作,中共党组织很快控制了文化基金会、和平煤矿、警察自卫队、北温泉等紧要部门。1942年9月,在周恩来的关心下,郭沫若写信给卢子英,提出在北碚开办《新华日报》发行站,得到卢子英的大力支持。《新华日报》北碚发行站开办后,影响范围不断扩大,成为基层党员和进步群众的指路明灯。在北碚的乡村建设机构中,卢子英也有意使用了一批共产党员。

卢子英与郭沫若、陶行知以及科普作家高士其等均有密切交往。1939年,陶行知初到北碚,人生地不熟,难以实施教育计划。卢子英闻讯,主动施以援手,为选校址东奔西走,不日陶行知便在清凉亭成立了晓庄研究所,陶行知借北泉小学校舍开办的育才学校很快也在合川草街古圣寺有了自己的校址。1942年,郭沫若的历史剧《屈原》在重庆上演受阻,经卢子英助力,5月该剧在北碚由"中华剧艺社"成功上演。

中共党组织力量的秘密壮大引起了国民党当局的注意,他们企图通过调职、撤职、换职等方式动摇卢子英在北碚的领导力,甚至安插特务任卢子英的秘书,企图监视他。面对压力,卢子英依靠卢作孚和北碚的地方力量,利用国民党内部派系林立、步调不一等问题,屡屡挫败国民党反动派的阴谋。中共地下党也通过秘密组织工人运动、学生运动等,揭露国民党特务欺压百姓、贪污腐败、破坏抗日大局等罪行,为卢子英与国民党特务的斗争提供外援。

抗战胜利后,卢子英继续担任北碚管理局局长,积极配合中国共产党的工作,与国民党势力极力斡旋、机智抗争。1949年11月重庆解放后,卢子英积极接受中共和平解放北碚的主张和协议,12月2日,中国人民解放军第二野战军三兵团十一军三十三师三营营长高登基率部队从歇马向北碚进发,在天生桥受到卢子英等人的热烈欢迎。新中国成立后,卢子英历任重庆市建设局副局长、园林局副局长,四川省政协、重庆市政协常委以及重庆市民革副主任委员等职。

焦菊隐

焦菊隐（1905—1975），原名承志，笔名居颖、居尹、亮俦，艺名菊影，后自改为菊隐，生于天津，中国戏剧家和翻译家，北京人民艺术剧院的创建人和艺术上的奠基人之一。

焦菊隐

1924年，焦菊隐考入燕京大学，开始话剧创作。1931年6月，参与筹办北平戏曲专科学校（后改为中华戏曲专科学校），并担任第一届校长。任职期间，他大胆革新，打破梨园的传统师徒制，按照现代高等学校的标准设立管理机构和课程内容。1935年秋赴法留学，在巴黎大学专攻戏曲，获文学博士学位。回国后，一直从事戏剧教学和导演工作。1942年初，焦菊隐应余上沅之邀，前往四川江安国立剧专任话剧科教授兼主任，之后又辗转来到重庆。

冬日的山城，阴沉多雾，湿寒刺骨，来时除了单薄的衣物，焦菊隐只带了一本他正在翻译的丹钦科的回忆录《文艺·戏剧·生活》。每天只一碗担担面撑到天黑，终日饥肠辘辘。谋生碰壁之后，他只能靠继续翻译手头的回忆录来充实自己。客栈的灯光太暗，他大清早就得起来移步到嘈杂的茶

馆，开始一天的翻译工作。令焦菊隐绝望的是，费了九牛二虎之力翻译的书稿却被一个所谓的朋友骗走了。这段苦涩的经历成了焦菊隐一生的梦魇。几个月后，焦菊隐得到南开大学校长张伯苓的3000元资助，重新翻译了丹钦科的回忆录，1943年顺利完稿，1946年由文化生活出版社出版。

吃住问题解决之后，焦菊隐先后进入中央大学、社会教育学院任教，并于1942年底跟随社会教育学院电化教育专修科迁至北泉公园后山松林坡。此间，在曹禺的建议下，焦菊隐翻译了匈牙利作家贝勒·巴拉兹的剧作《莫扎特》，并将其更名为《安魂曲》，1943年1月9日由重庆怒吼剧社在国泰大剧院公演。1943年4月25日，丹钦科在莫斯科逝世，焦菊隐5月4日在中央青年剧社开办讲座，以表哀悼。

1945年夏，国立戏剧专科学校迁至北碚，与歌剧学校合并，焦菊隐与曹禺、洪深等人进校任教。在北碚期间，国立剧专演出了《日出》《家》《水乡吟》《蜕变》《春寒》《清宫秘史》等剧作。

在重庆的四年，焦菊隐经历了他一生中最穷困的时光，也迎来了一生中最充实、最幸福的日子。其间，他致力于戏剧翻译和话剧导演，翻译出版了《安魂曲》《伊凡诺夫》《海鸥》《万尼亚舅舅》《三姊妹》《樱桃园》等剧本，并创作了中篇小说《重庆小夜曲》。焦菊隐以遒劲的笔力和高昂的热情推动了重庆翻译文学的长足发展。收获最大的是，他遇到了一生中第二个影响他命运的人——年仅22岁的秦瑾。秦瑾的单纯善良，如沙漠甘霖，滋润了焦菊隐干涸的心田。

1945年10月,焦菊隐离开北碚,北上兰州,赴西北师范学院西语系任教。1946年,焦菊隐回到北平,之后导演了《上海屋檐下》《桃花扇》《龙须沟》《考验》《虎符》《茶馆》《关汉卿》《智取威虎山》《刚果风雷》《武则天》《蔡文姬》等经典剧目。

焦菊隐治学严谨,勇于创新,他善于把中国戏曲艺术的美学观点和艺术手法,融会贯通地运用到话剧艺术当中,从而创立了自己的导演学派。他强调以导演为核心的共同创造思想,主张演出集体必须在深入生活的基础上对剧本进行"二度创造",表演创作中不能忽视"心象"孕育过程,并以深入开掘和鲜明体现人物性格形象为创作目标。他的导演成就备受称誉,他导演的《龙须沟》被认为是"五四以来的戏剧艺术——特别是导演艺术最高成就之一"。

侯光炯

侯光炯（1905—1996），江苏省金山县（今上海金山区）人，著名土壤科学家、教育家，中国科学院院士、英国皇家学会资深会员，中国土壤科学的开拓者和奠基人之一。

侯光炯出生在一个中医家庭。1919年，他考入江苏南通甲种农业学校，学习成绩常列全班第一。由于家境贫寒，被迫中途辍学。后经人介绍给该校教师王善幹任助手，白天同工人一起劳动，进行棉花栽培试验，晚上跟美国教师学习英语。由于他勤奋好学，成绩优异，两年后免试进入南通大学农科。翌年，考入北京大学农学院。学习期间，侯光炯经常到学校附近的农村接触农民，进行实地调查，了解到由于土壤盐碱化，农作物产量极低，农民生活十分贫困，因而逐渐明白了要改变国家的贫穷落后面貌，必须依靠科学，发展农业，并决心以土壤科学作为他的主攻方向。

1928年6月毕业后，侯光炯经人介绍回到北平大学农学院任图书馆管理员，不久改任助教。1931年，经虞宏正教授推荐，进入实业部地质调查所，在该所的土壤研究室和美国专家一起工作。1934年侯光炯任土壤研究室副主任,1937年晋升为主任。1935年,年方三十的侯光炯和邓植仪、张乃凤一起代表中国出席了在英国牛津召开的第三届国际土壤学大会,向世界展示了中国土壤资源研究的最新成果。之后,侯光炯得到多国代表的邀请和中华教育基金会的资助,去外国进行访问和合作研究。二十个月中,他的足迹遍及英国、德国、荷兰、瑞典、芬兰、苏联、匈牙利、意大利和美国的广大农田村野,他认真地进行了中外土壤异同的比较研究。一些国家向他发出定居或留下长期合作的邀请,甚至提前把薪俸发到侯光炯的手上想留住他,但侯光炯总是庄重表示:"我们中国有句老话:家贫出孝子,国难见忠臣。我出来的唯一目的就是回去更好地为自己的祖国效力。"[1]

1937年2月,侯光炯回国,在抗日战争的艰苦环境中,继续从事土壤科学的研究工作。1946年,侯光炯转入四川大学任教授,主讲土壤肥料学、土壤化学、土壤地理学等课程。中华人民共和国成立后,侯光炯应邀参加全国首次土壤肥料会议。朱德关于"土壤科学必须为农业生产服务"的号召,给他留下了深刻的印象,更加坚定了他对中国土壤科学的发展要走自己的道路的信念。

1952年全国院系调整后,西南农学院成立,侯光炯调任该院教授。从此以后,侯光炯便扎根于北碚这片沃土,为新中国的教育和科研事业培养了一大批中坚力量、骨干人才,尤其是为土壤学研究付出了毕生的心血。

---

[1] 余德庄.华夏赤子——侯光炯[J].中国职工教育,1997(5):14.

侯光炯教授指导青年教师进行科研(1955年)

为了使土壤科学有效地为农业规划和农业生产服务,侯光炯奉命三下云南边疆,完成了具有重大战略意义的橡胶宜林地的勘查,接着又承担了长江上游水土保持土壤调查任务,在三年中走遍了岷江、沱江、涪江、嘉陵江流域。侯光炯还参与了中国科学院重庆土壤研究室的筹建,参加了第一次和第二次全国土壤普查、西南地区农业土壤规划,同时每年至少有五六篇论文见诸国内外重要学术刊物。他在布达佩斯召开的第六届国际土壤学大会上宣读的论文《四川盆地内紫色土的分类与分区》,受到与会者的高度评价。也就是在这一届大会上,他二十年前首次提出的"水稻土"理论得到了正式确认,"国际土壤学会决定成立水稻土专门研究小组"①。他和高惠民主编的《中国农业土壤概论》是我国第一部农业土壤学专著。由于成就卓著,1956年侯光炯被评为国家一级教授,成为中国科学院的首批学部委员(院士)。

土壤调查中的侯光炯

侯光炯以任务带教学,以任务带科研,不仅出色地完成了国家交给他的各项重大科研课题,还培养出一批又一批国家急需的土壤学专门人才。从1980年开始,侯光炯不顾自己70多岁的高龄,选择著名的蜀南竹海所在地宜宾长宁县相岭镇,作为开展农业综合研究的基地,一待就是十七年,一直到生命的最后。

1996年11月,侯光炯因病去世。在接近一个世纪的生命历程中,侯光炯废寝忘食,呕心沥血,几十年如一日,坚持试验、坚持调查研究,为解决我国和世界土壤科学,特别是农业土壤学中的重大技术难题作出了巨大贡献。侯光炯逝世后,西南大学建立了简易的侯光炯院士事迹陈列室。为了更好地收集、展示相关纪念品,弘扬侯老精神,西南大学于2009年6月全面启动侯光炯院士纪念馆筹备工作,在校内外广泛收集侯老的各种书信、证书、照片、日记和使用过的物品等资料。2012年11月4日,纪念馆正式开馆,一代土壤大师的生平事迹和高贵品格得以持续沾溉后辈学子。

---

① 余德庄.华夏赤子——侯光炯[J].中国职工教育,1997(5):16.

施白南

施白南(1906—1986),字怀仁,河北正定人,新中国动物学高等教育的开创者之一,著名鱼类学家、教授。

施白南(左一)与同事

1933年,施白南从北平师范大学生物系毕业后,南下四川,进入北碚的中国西部科学院,担任生物研究所动物部主任,从此开始了他与北碚的不解之缘。

同年,施白南率领研究组对四川的脊椎动物资源展开调查研究。之后,施白南带领研究所的郭倬甫、黄楷、张春霖一行在北碚、合川、宜宾、泸州、雅安、康定等地采集鱼类标本,这是四川第一次大规模的生物标本采集活动。施白南和张春霖还于1934年发表了《四川嘉陵江下游鱼类之调查》《四川嘉定峨眉鱼类之调查》等论文,其中《四川嘉陵江下游鱼类之调查》中记述了鱼类8科38属45种,是重庆地区最早的鱼类调查报告。[①]施白南也因此成为动物学界的一名新秀。

1934年4月,中国西部科学院组建了"中国西部科学院雷马峨屏考察团",计划深入大、小凉山,以雷马峨屏地区为中心展开地质、矿产、民俗、宗教、生物等领域的综合考察。该区域地势险要,物产丰富,生物种类繁多,是研究西南地区自然科学的重要资源。施白南与俞德浚等人组成的生物组于5月11日随考察团从北碚出发,历时半年多。直到11月27日,最后一批考察人员才返回北碚。在金沙江附近考察时,水流湍急,施白南乘木船行于江上,几次遇到翻船落水的险情。考察结束后,施白南与地质研究所的常隆庆、植物学家俞德浚共同撰写了《雷马峨屏调查记》,书中除了记录这次考察的地质、动

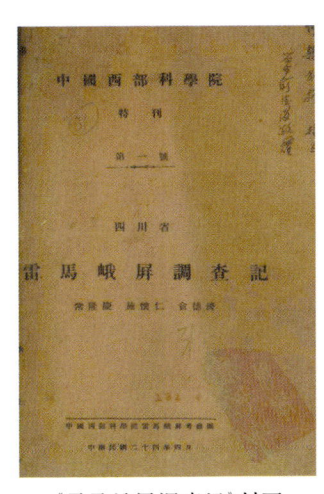

《雷马峨屏调查记》封面

[①] 重庆市科学技术委员会.重庆市科学技术志[M].重庆:重庆出版社,1995:65.

物和植物外,还详细介绍了凉山彝族的风土人情和社会状况。该书出版后,在生物学界引起强烈反响,众多专家学者争相购买,很快在北京、南京、重庆等地售罄。

抗战全面爆发后,中华民国中央研究院动植物研究所内迁北碚。施白南自1944年起在该研究院动物研究所任助理研究员,受到著名鱼类及水生物学家伍文献的指导。抗战胜利后,应卢作孚之邀,施白南返回北碚的中国西部科学院,之后又在四川省立教育学院、沙坪坝南开中学、北碚兼善中学以及乡村建设学院农学系、歌乐山渔场任职。

1952年全国院系调整,教育学院博物系并入西南师范学院生物系,施白南随之在西南师范学院生物系任教。此时的西南师范学院百废待兴,生物学学科基础薄弱。除了科研和授课,施白南还要承担师资培养,制定学科建设规划,编写教材等一系列工作。

20世纪70年代,施白南主持完成了"长江水产资源调查""长江鲟鱼类专项调查""长吻鮠蓄养繁殖及鱼苗培育实验""长吻鮠移养驯化""四川江河经济鱼类生物学研究及移养实验"等多项重大科技项目,带领他的同事撰写了《长江水产资源调查报告》、《长江鲟鱼类生物学及人工繁殖研究》、《嘉陵江鱼类名录及其调查史略》、《四川资源动物志》(第一卷)等重要论著。1986年在组织编写完《四川江河渔业资源和区划》一书后,施白南心脏病突发,离开了人世。

施白南一生致力于鱼类研究,足迹遍布长江流域、凉山腹地、黄河岸头、东北平原,对长江流域的鱼类资源开发以及全国的鱼类水产科学研究有着开疆拓土的卓越贡献。立业西南师范学院三十四年,他精心施教、辛勤培植,开创了西南大学水产研究的先河。西南大学水产生物学现已成为国内外有较大影响的重点学科,甚至在很多方面独占鳌头。纵然时光流转、时过境迁,但施白南教授学而不厌、诲人不倦的科研、教学精神依然永世不朽。

张宗禹

张宗禹(1907—1976)，号筱泉，浙江绍兴人，著名画家、电影美术师、教授，中国近现代西画中国化的重要开拓者之一。

1928年冬，张宗禹与严济慈夫妇等一同前往法国学习，其间与徐悲鸿、吴作人等先后留法的人有过许多的交往，并结下了深厚的友谊。1931年，他毕业于法国巴黎高等美术专科学校。

1931年至1934年，张宗禹在苏州美术专科学校任教期间，利用教学工作之余，参照文艺复兴三杰所著的解剖学及法国艺用美术学校的资料，翻译编绘了《艺用人体解剖图》，并在商务印书馆出版。该书大概是我国最早的西方艺用美术解剖学译著，是西画中国化的代表性成果，对西方美术教育在我国发展有着极为重要的意义，直至今天还有学者认为该书的"编印水平胜于当今的同类书"[1]。同时，他还自制了四副人体骨骼，并将解剖方面的专业知识应用于教学，这在当时也是极为不易的。

---

[1] 刘新.画史记丛[M].桂林：广西师范大学出版社，2016：13.

1934年，张宗禹进入国民党中央宣传部电影事业处所辖的中央电影摄影场，1940年春离开。在这期间，他陆续参与了《农人之春》《密电码》《中华儿女》等电影的制作，从布景师升任美工部主任。其中，《农人之春》获得了1936年7月比利时布鲁塞尔农村国际电影竞赛会第三名，这是中国第一部获得国际大奖的作品。

张宗禹是西南地区美术教育的重要推动者。20世纪40年代初，张宗禹在国立艺专任教并兼任教务长，40年代后期至50年代初任国立女子师范学院家政系主任。张文俊、曹增明在《海燕老师和国立艺专》一文中，回忆谢海燕与潘天寿艰难维系内迁重庆国立艺专的运行时写道，"他们二人又到重庆附近北碚等地奔走延聘教师。这年秋季开学，国立艺专便集聚了包括各种流派的教师阵容如次：林风眠、潘天寿、谢海燕、李超士、倪贻德、吴良……张宗禹诸位先生"。

1952年至1976年，张宗禹任西南师范学院美工系（现西南大学美术学院）第一任主任、教授。他长期从事素描、艺术人体解剖、油画、基础图案、图报研究、绘画、黑板画的教学与研究，尤以油画、艺用人体解剖见长。二十多年中，他呕心沥血、尽职尽责，为西南地区乃至全国各地培养了大批美术及美术教育人才。

张宗禹的绘画基本功扎实，除了传承西方传统绘画的雄厚稳重，还特别讲究绘画中的虚实变化。他擅长古典风格油画静物写生，曾创作过许多静物及风景作品，除参加过多个重要美展外，还举办过三次个人画展。

在他的代表作《大磨滩》这幅画中,可以看到其构图的巧妙。画面中瀑布飞流而下,犹如万马奔腾,充分体现了大自然的宏大气势,意境深远。

张宗禹画作《大磨滩》　　　　张宗禹画作《静物》

而在其《静物》作品中,花的造型姿态婀娜,色彩多变,体现了艺术家对复杂对象的整体把控力与局部表现力。

俗话说,画如其人。张宗禹一生勤勤恳恳,为人正直、善良,乐于帮助他人,学问知识广博,专业技法扎实。因为人低调,过世后一直不为人所知。"文革"期间,他的200多幅画作被抄家没收后消失无踪,这是一件令人感到十分痛惜的憾事。

曹禺

曹禺（1910—1996），原名万家宝，字小石，小名添甲，湖北潜江人。中国杰出的剧作家，被誉为"东方的莎士比亚"。

1930年9月，曹禺从南开大学转入清华大学西洋文学系潜心钻研戏剧，并开始创作《雷雨》。1933年剧本完稿，由巴金推荐到《文学季刊》发表，在文坛引起了强烈反响。1934年，《雷雨》先后在中国和日本公演，为戏剧界投下一声惊雷，预示着中国现代戏剧创作从此将揭开崭新的一页。

1938年，曹禺随南京国立戏剧专科学校（以下简称"国立剧专"）西迁重庆。一路上，他目睹了官僚、投机分子的龌龊不堪，也看到了共产党人的忠贞和勇敢。1939年，国立剧专迁至江安之后，曹禺开始构思一部揭露国统区官员腐化堕落、借机敛财恶行的剧目。川地阴雨连绵，屋子里弥漫着一股霉味，曹禺的胃病严重，在恶劣的环境中，依然坚持授课、写作。不到一年，一部揭露腐朽、催促新生、鼓舞民众抗战的剧作《蜕变》问世。这部剧很快引起了国民党当局的注意，在重庆公演时处处受到刁难，被迫修改了不少内容之

后,才在北碚成功上演。《蜕变》的公演让曹禺的名字在北碚民众心中留下了深刻的印象。1939年夏,曹禺担任国立剧专的教务主任时到北碚招生,受到当地民众的广泛关注,报名投考者在招生点排起了长队。当时北碚自发组织的七七少年剧团因宣传抗日,正面临被迫解散的危机,听到曹禺等人来碚招生的消息,争相投考。曹禺等人高瞻远瞩,秉持公正,从可塑性角度出发,录取了其中的三名。

1940年巴金入川时,专程到江安看望曹禺,二人同游红拂寺,共话戏剧创作,巴金希望曹禺再次改编他的《家》。在《北京人》完稿之后,曹禺就开始了改编《家》的工作。此时,曹禺其他的剧作也在重庆戏剧界掀起了公演热潮。1941年10月10日,为庆祝第四届戏剧节,中央实验剧团和复旦青年剧社通力合作,由张逸生和洪深担任导演,在北碚新营房演出了《日出》。因曹禺在北碚早已名声大噪,一连三场,都是座无虚席。中央青年剧社社长张骏祥在看到《北京人》的剧本后,也立即决定排演这部剧。从演员阵容到排戏选址,张骏祥都亲自把关。临近公演时,各大报刊争相登出广告,《新华日报》的广告词写道:"具柴霍甫的作风,对古旧衰老的社会,唱出最后的挽歌;以写实主义手法,从行将毁灭的废墟,绘出新生的光明。"广告还将剧本的特点归纳为"紧张·细腻·严肃·深刻"[①]。10月24日,《北京人》在重庆抗建堂正式首演,受到重庆文艺界、戏剧界和广大观众的高度评价。

---

① 《北京人》即将公演[N].新华日报,1941-10-24(02).

《北京人》在重庆首演剧照

　　1942年初,曹禺辞去国立剧专职务,到北碚复旦大学兼课,教授英语和外国戏剧。这年盛夏,重庆酷热如蒸,曹禺来到张骏祥在唐家沱租的小别墅,践行他和巴金的约定,开始创作四幕剧《家》。张骏祥人缘甚好,每天都有各色人光顾他的小别墅,曹禺的写作难免受影响。为了给曹禺提供一个安静的写作环境,张骏祥找到停泊在附近的一艘江轮,作为曹禺的写作间。这艘轮船停泊在江面上,两岸夹山。到了夜晚,明月高悬,江面波光粼粼。对岸小船摇桨声随风隐隐传来,凉风阵阵,令人顿时神清气爽。曹禺的思绪逐渐进入到小说《家》中,每个人命运的伏线在他脑海中清晰可见,落笔时仿佛身临旧式婚礼现场,他以生动的笔触描写出男女主人公在新婚之夜的复杂心情。经过三个月的挥汗笔耕,他为这部揭露封建腐朽势力,控诉封建婚姻制度和封建大家庭罪恶的四幕话剧添上了最后一笔。许多剧团听闻此讯,开始竞争首演权。最后,由于伶、宋之的领导的中国艺术剧社首演了这部剧,曹禺力荐剧校出身的张瑞芳饰演了瑞珏这个角色。《家》的演出轰动山城,连续演出三个月,创造了重庆舞台演出的奇迹,这完全出乎曹禺的预料。

  1945年夏,国立剧专迁至北碚与歌剧学校合并,曹禺回校任教,在北碚主持演出了《清宫外史》《春寒》《日出》《家》《蜕变》等名剧。曹禺一生都以建立民族话剧艺术体系为夙愿,从《雷雨》到《蜕变》,曹禺在戏剧艺术园地里留下了一篇篇佳作,他所创造的每一个角色,都给人留下了难忘的印象。

端木蕻良

端木蕻良（1912—1996），原名曹汉文，又名曹京平，辽宁昌图人，满族。中国著名作家。

端木蕻良1928年入天津南开中学读书，1932年考入清华大学历史系，同年加入了北平左翼作家联盟，并发表小说《母亲》，1933年开始创作长篇小说《科尔沁旗草原》，1938年与萧红在武汉结婚。同年夏秋之际，端木蕻良从武汉抵达重庆，受孙寒冰之邀，进入北碚夏坝的复旦大学新闻学系任教，并与靳以等人合编《文摘战时旬刊》的文艺副刊。

端木蕻良

端木蕻良和萧红

亲历过战乱的离散漂泊，端木蕻良对山城百姓的艰苦生活和精神痛楚感同身受，开始专注于抗战题材的写作。1939年1月，应戴望舒函约，端木蕻良开始为香港《星岛日报》副刊创作长篇抗战小说《大江》。《大江》的创作画上句号时，他又开始了长篇小说《新都花絮》的写作。同年5月中旬,《科尔沁旗草原》由开明书店出版,这使他在文坛名声大振。至1940年初离开北碚,端木蕻良佳作迭出。

寓居北碚时,端木蕻良经常行走在波涛汹涌的嘉陵江畔,遥想故乡的山水。艰难的流亡生活使他备尝艰辛,想到日本侵略者在东北烧杀抢掠的暴行,想到那些未及撤走的家乡父老正在垂死挣扎,满腔怒火油然而生,不知不觉吟出了《嘉陵江上》:

> 那一天,敌人打到了我的村庄,
> 我便失去了我的田舍,家人和牛羊。
> 如今我徘徊在嘉陵江上,
> 我仿佛闻到故乡泥土的芳香。
> 一样的流水,
> 一样的月亮,
> 我已失去了一切欢笑和梦想。
> 江水每夜呜咽的流过,
> 都仿佛流在我的心上。
> 我必须回到我的家乡,
> 为了那没有收割的菜花
> 和那饿瘦了的羔羊。
> 我必须回去,
> 从敌人的枪弹底下回去;
> 我必须回去,
> 从敌人的刺刀丛里回去!

把我打胜仗的刀枪，

放在我生长的地方。①

此诗1938年9月在《大家唱》一经发表，就很快在北碚的各大、中学校流传开来，不日便传到重庆城区。当时，音乐家贺绿汀正在陶行知创办的育才学校任教，听闻此诗，被其饱含的苍凉和充满战斗精神的豪情所感动。他决定以谱写抗日名曲《游击队歌》的创作激情，将这首诗谱成曲。从此这首插上了音乐翅膀的抗战诗歌，在大后方乃至全国各地青年中传唱，沉郁浓烈的旋律拨动着每一个东北流亡赤子的心弦。

中华全国文艺抗敌协会旅碚同人于1939年9月17日成立三峡文协同人聚谈会。图为成立时于黄桷镇王家花园的留影（前排左一为端木蕻良，左六为萧红）

---

① 端木蕻良.嘉陵江上[M]//端木蕻良文集(第八卷·上卷).北京：北京出版社，2009：618-619.

1939年4月9日，端木蕻良出席了中华文艺界抗敌协会第一届年会，当选为文协第二届理事会候补理事。1940年1月，因日军对重庆轰炸不断，萧红日夜忧思，精神紧张，体力日渐不支。恰逢孙寒冰邀请端木蕻良为香港大时代书局主编一套"大时代文艺丛书"，端木蕻良遂决定带萧红离开北碚前去香港。

　　在北碚时期，除了文学创作，端木蕻良和萧红还与池田幸子、鹿地亘、绿川英子夫妇等日本友人一同参加了诸多反日活动。1942年，萧红离世后，端木蕻良旅居桂林，后又辗转于重庆、上海和香港等地，投身于文艺事业。

梁白云

梁白云(1912—1979),原名伯文,广东茂名人。中国著名书画家、篆刻家。

梁白云青年时代便在绘画界崭露头角。1939年,梁白云一家沿长江而上,开始了艰辛的战时生活,几经辗转才来到重庆。

梁白云

初到重庆,一家人全靠梁白云卖字画贴补家用,生活拮据,住房、吃饭都成问题,在日机轰炸的恐惧中艰难度日。梁白云从小在诗词、书法、绘画方面有较高的天赋和领悟能力,曾学习过中国传统的山水写意画。1939年,梁白云考入沙坪坝的中央大学艺术系,在中国画科修业。就读期间,他受到徐悲鸿的指导,画作彩墨相融,形神浑然一体,风韵特异,自成一格,曾代表学校参加历届全国美术展、中华全国美术会美展、嘉陵美术会美展等,很快在画坛赢得了一席之地。

1944年春,梁白云从中央大学毕业,经由系主任吕斯百推荐来到北碚,参加中国西部博物馆的筹建工作。中国西部博物馆正式开馆之后,梁白云一直在此工作,直至1947年被派至北碚公园任主任,负责园艺技术工作,其间还曾兼任过北碚师范学校美术教师等职。1944年10月,梁白云在北碚博物馆举办了个人画展,展出的作品大多是表现中国抗日将士艰苦的前线生活和大后方人民克服万难、坚强生活、支援前线的事迹。文艺创作与抗战主旋律的巧妙结合,凝聚着梁白云作为文艺工作者的责任担当和爱国热忱,这次展览受到了各界人士的广泛关注和热切回应。同年,徐悲鸿还为其作品《西湖炊烟》题字,后来该画被加拿大渥太华博物馆收藏。1945年,重庆师范学院师范科在北碚举办了"北碚美展",梁白云携一部分作品参展,吸引了众多观展者的驻足。

抗战胜利后,大批机关和人员迁出重庆。梁白云决心留下,山城秀丽的风光和淳朴坚韧的品质早已在他的艺术生命里沉淀积累、生根发芽。1948年,梁白云因在街道绿化、园艺设计方面表现出的突出才能,还被分派代管北温泉公园。同年10月,梁白云在北碚公园策划举办了第一次菊展,展出60多个品种的菊花,总数达3000多株,另有盆景、盆栽两百多件,获得了社会各界的好评。此后,北碚公园的秋日菊展活动一直延续了数十年,成为北碚的一张园艺风景名片。

1955年,梁白云携画作参加了由文化部和中国美术家协会主办的第二届全国美术作品展览,成绩骄人。

1956年,西南师范学院美术系面向社会各界延揽人才,壮大师资,吸引"专业人才归队"。此时,梁白云在美术界已颇有名望,自然成为首选人员之一。在西南师范学院美术系执教期间,梁白云讲授中国山水画、图案、篆刻、书法等课程,后来被聘为副教授。授课之余,梁白云还编写了《山水画技法》《印章概论》等教材,在培育人才上花了不少心血。

即便是承担着繁忙的教学工作,梁白云依然妙笔不辍,神思不息,在画作上寻求突破,在园艺设计方面更加精进。20世纪五六十年代,梁白云创作出了《乌江渡口》《娄山关》《江界河渡口》《梅花》《江界河》《北泉乳花洞》《北碚新貌》《剑门关》《古柏》《夔门》《山村》《蜀东山市》《峨眉天下秀》《巧引龙洞水》《送公粮》等气势磅礴、意境悠然的中国画,其中1957年创作的《乌江渡口》后来被中国人民革命军事博物馆收藏。

1959年,应四川省人大常委会邀请,梁白云赴北京为人民大会堂四川厅设计制作了100多件盆景,此设计风格一直沿用多年。他的作品还多次在国内外的大型展览中展出。1973年,梁白云携一套六幅通景竹帘年画《三峡》,参加了在塞浦路斯举办的国际博览会,迈出了当代中国画走向世界的重要一步。1975年,梁白云的篆刻作品《旧貌变新颜》在日本中国书法篆刻展览上隆重展出。

梁白云对民族绘画艺术爱之甚笃,却有着师古不泥的创造精神,在继承民族传统,推陈出新,发展中国绘画技艺方面作出了很多努力。他对民族绘画艺术爱之甚笃,却有着师古不泥的创造精神,在继承民族传统的基础上,推陈出新,为发展中国绘画作出了很多努力。自从来到北碚后,梁白云将北碚风光、巴蜀山水人文绘于笔端,在挥毫泼墨间畅叙丹青情怀,又通过画作展览、园艺设计、花木栽培、人才培养等充实和塑造着北碚的人文艺术内涵。中国画博大、从容、儒雅的文化气质和力透纸背的精神品格在他的作品中展现得淋漓尽致。1979年年初,身患重病的梁白云竭尽全力完成了《徐悲鸿印谱》的整理和编辑工作。画如其人,人画一体,因为精雕细琢,历经艰辛,所以他的画作笔酣墨饱,淡逸遒劲。历经岁月的沉淀,梁白云的画在中国画的园地里依然散发着历久弥新的艺术魅力。

刘一层

刘一层(1913—1997),湖北大冶人,中国著名油画家,与刘艺斯、刘国枢合称"西南三刘"。

1938年,刘一层进入武昌艺专绘画系西画组,跟随著名油画家唐一禾先生修习素描和油画,深受唐一禾的喜爱。二年级时,他便成为唐一禾的助教。

刘一层(高敏 画)

全面抗战期间,刘一层跟随唐一禾入川,为了鼓舞人民的斗志,树立抗日必胜的信念,他协助唐一禾先生创作了《胜利之神》的巨幅油画,为全民抗战出力,此画展出后产生了很大的影响。各进步报刊争相报道、评介,高度赞赏作品的思想性和艺术性。

此后,刘一层将自己的全部心力投入美术教育事业之中。1952年,他调入西南师范学院任教,为了学校的油画教学及系科发展而四处奔走,亲自制定教学大纲,主张在油画教学中坚持现实主义的基本原则,从严格的基本功训练开始,在学习和掌握造型的基本规律中培养学生敏锐的观察感知能力,从而锻造形象思维能力和相应的表现能力。半个世纪以来,为国家培养了一大批优秀的艺术家和美术工作者,学生遍布全国各地。

刘一层总是能从平凡而复杂的生活现象中发现、捕捉不平凡的、动人的题材,并选择符合绘画艺术表现特点的情节和形象,进行构思和构图,再以通俗易懂、直抒胸臆的绘画语言,达到深化主题的目的。而这种直面现实的创作,需要艺术家将视线转向基层民众的生活,达到美学意旨与内在心灵的结合。

1953年,西南地区美术作品展览在重庆市劳动人民文化宫举行。这是新中国成立后西南地区规模空前的一次美术作品大展示的盛会。刘一层创作的油画《狮子滩发电站》,就是他深入实地、历经艰辛创作出的作品,这幅具有时代气息的佳作展出后,社会反响非常强烈,力群在《文艺报》上对这件作品发表了重要评论,并将这幅油画用作这期《文艺报》杂志的彩色封面。[1]

作品的深刻总是和体验的深度成正比的。一次,刘一层带领学生深入天府煤矿体验生活,考虑到他年岁大了,学生们本不打算让他下矿井涉险,但他坚决要求与大家一道下去,他一定要亲眼看见并亲身体验工人们的那一份艰辛。当他们返回时,所有人的脸都黑得只能看见眼睛,但大家都觉得这样的感受太生动、太值得,刘教授对艺术的执着更是众人学习的榜样。

刘一层在教学生时总是满怀热忱,充满责任感。他既严肃认真,又很有耐心,讲课方式还很幽默诙谐,学生都很喜

---

[1] 陈其心.忆我师——刘一层先生[J].楚雄师专学报,2000(2):135.

欢他。在课外,无论是哪个年级的,只要有同学拿习作请他指导,他总是马上放下自己正做着的事,热情地予以辅导,有时还给同学作局部示范甚至动笔改画。

刘一层在油画上取得了很高的艺术成就。作为跨越旧中国与新中国两个历史时期的油画家,他的艺术作品和人生历程都与中国社会现实紧紧联系在一起。可以说,经历了艺术与人生的艰难磨砺、长途跋涉,他将自我的熔铸、升华与民族的救亡、社会的启蒙紧紧连接在一起,从事着将外来优秀艺术植入中国文化土壤的艰辛劳作,使中国油画得以在世界面前一步步呈现出自己的面貌。

刘一层画作《紫藤缤纷》

刘一层的画作严谨而又洒脱洗练,充分展示出油画艺术的特殊魅力,他注重将中国绘画重意尚写的特质融入油画的笔法表现中,形成了他特有的艺术风格。

刘一层画了许多肖像画,着意刻画的都是普通人淳朴的本质特征。他力图将人物刻画与时代环境结合,让读者与他的作品自然交流,从而感受作品中人物的气质、品格与精神风貌。他的肖像画无疑达到了很高的层次。

如果说"五四"新文化运动时开始的新兴美术为中国美

术打开了更为广阔的境界与视野,而承续其后的第二代油画家,则在此基础上,力图把西方美术融入中国现实土壤。因为学习、借鉴一种外来文化样式,绝不可能一蹴而就,正如刘一层所说,必须"立足于民族文化,怀着对民族传统的深厚感情去钻研掌握一种外来的绘画语言。要能在一个领域深入钻研下去,融会贯通而后吸收消化,而不是盲目照搬或只作形式上的模仿"。

显然,文化的传承和发扬光大,必须是一代又一代人接续努力的结果。刘一层在探索西方油画表现技法与中国传统艺术语言、社会现实相结合方面,给我们留下了重要的启迪。

查济民

查济民（1914—2007），浙江海宁人。著名实业家，曾获香港特别行政区政府颁发的"大紫荆勋章"。

查济民早年毕业于浙江大学附设高级工科中学染织科，1933年起担任常州大成纺织染公司二厂的工程师。1936年12月，查济民与大成纺织染公司董事刘国钧的女儿刘璧如喜结连理。此后，在刘国钧的带领下，他在纺织业界所向披靡。抗战时期，查济民在北碚兴办、经营大明染织厂达十年之久。

查济民

1937年，抗战全面爆发后，江、浙、沪一带的大批工厂被迫停产，大成纺织染公司决定与四川民生公司、汉口隆昌染织厂合作，改建北碚的三峡染织厂，成立大明染织厂（以下简称"大明厂"），由双方共同经营。但条件之一是大成公司必须派遣一名管理人员负责染织厂的日常经营。在前辈们拒绝入川时，查济民主动请缨，运送大成公司入股的200台布机来到北碚，承担起大明厂的经营管理工作。

原三峡染织厂位于山麓窄地，长400余米，宽不足50米，周围岩石起伏，地形复杂，水电供应不便，新厂改建便成为一道难题。为早日投入生产，查济民仔细勘察，科学规划，精心组织老厂房改造与新厂房建设。一年后，大明厂完成了200台布机和染色机器安装、生产流水线整理、车间新建、锅炉和发电机组添置、通水供电等基础工作，还在当地招收了大批青年工人，培养训练了数十位技术人才。卢作孚对查济民娴熟的技术、十足的干劲和朴素的作风大加赞赏，放手让其大胆尝试。开工之后，大明厂日产平布200余匹，生产的"五老图"大明蓝布色牢耐穿，风靡川渝，销量不亚于之前的"三峡布"。

除了新厂改建的难题，大明厂还面临着日机轰炸和经济封锁等困难。从常州到北碚，查济民对民族工业发展之艰难有着深切的感受，但他也认识到，持续生产是大明厂在困境中求生存的唯一出路。凭借着自己的睿智和远见，他领导职工因地制宜，大量修建防空洞，把重要物资和关键设备藏于洞中，并配备消防设施，训练消防人员，做到了随炸随救，数日便可恢复生产，大大缩短了生产周期。

查济民曾自言，"勤俭"二字是他从师傅刘国钧那里学到的"经营企业的要旨"，这个"勤俭"之旨，换成现代管理学的说法，就是"上下合作，精益求精，提高品质，降低成本"，它也是查济民在大明厂时时事事践履的方针。当遇日寇经济封锁，物料供应紧缺时，他就带领职工就地取材，变废为宝，用废旧设备自制梭子、打梭棒、有边筒子等机器配件。为节省紧俏的染料，他大胆改进工艺操作，用色织布生产代替染色布生产，保持工厂持续的产出和收益。1944年，大明厂欲扩大生产规模，一举买下了震寰纱厂的7200枚旧损纱锭，用节省下来的资金增建厂房和投资高坑岩水力发电厂。1947年，纺厂投入生产时，查济民组织设计人员，按照片资料仿制国外当时比较先进的直辊丝光机，并于1948年正式投入使用。

大明染织厂

大明厂凝聚着查济民的爱国热忱和他与职工齐心苦干的实业精神，为他的创业之路奠定了坚实的基础。不仅如此，十年间查济民专注于大明厂生产技术的改进和创新，大大提高了大明厂的生产效率。大明厂自主研发的技术和制造的新设备还推广到其他地方，有效推动了民族纺织工业的进步和发展。大明厂的产量和质量也不断提高，其产品甚至走出了川渝,远销武汉、上海等地。抗战结束时,大明厂积累了三四百万元美金的雄厚资本,协助民生公司、大成公司完成了战后的平稳过渡。查济民此时在民族纺织工业领域已经声名鹊起,被誉为"纺织大王"。抗战胜利后回上海,在接收原来由日本控制的纺织工厂时,查济民被工商界人士推选为"上海纱布业接收大员"。[1]

随着长江航运的畅通,上海地区的色布涌进内地,大明蓝布受到冲击,民生、隆昌相继退股,查济民重组了大明厂,在上海设立大明纺织染股份有限公司,将北碚老厂改称为大明北碚工厂,并在常州再建新厂,还在香港挂牌成立了"中国染织厂"。此后,查济民走遍27个国家和地区,大规模引进国外的纺织技术,在加纳、尼日利亚、多哥等西非国家投资建厂,又获得了"非洲纺织大王"的头衔。

查济民因纺织而成才,也推动了中国纺织业的强大。他对于纺织的热爱和执着,犹如丹青画帛,光明显著。作为在国家危难之际成长起来的实业家,他的家国情怀、时代担当对中国的纺织工艺走向世界轨道,完成从传统向现代科技的蜕变起到了极大的促进作用,而北碚十年正是他夯实基础、勇立潮头的重要阶段。

---

[1] 海宁市对外文化交流协会,海宁市文学艺术界联合会.邑人辞典[M].上海:上海辞书出版社,2002:124.

方敬

方敬(1914—1996),原名方家齐,出生于四川万县(现重庆市万州区)。诗人、散文家、文学翻译家、教授。从20世纪30年代开始,他的诗歌创作持续了半个多世纪,他在诗歌里寻求着真理、爱和光。他是最早赢得全国诗名的重庆诗人之一。

方敬1926年考入万县第一高小,1927年入初中,1929年夏与何其芳等到上海,考入吴淞中国公学预科。毕业后,方敬先后在万县初中和垫江初中教书。后来经过艰难曲折,终于实现了进入北京大学外语系学习的愿望。童年时代就开始萌动的对外语的兴趣更加浓烈,对新诗的爱恋更加一往情深。他当时创作的诗歌、散文作品主要发表在《文学季刊》《文季月刊》《新诗》等报刊上。在大学就读期间,爆发了举世闻名的"一二·九"学生运动,数千名北平学生走上街头,掀起抗日救亡运动热潮,方敬是示威队伍中活跃的一员。

抗战全面爆发后,方敬作为北京大学的学生在四川大学借读。1938年在成都加入中国共产党。入党不久,方敬便担任了四川大学文学院的党支部书记,并在地下斗争中获得模范党员的称号,受到表彰。在成都,方敬与何其芳、卞之琳、朱光潜、谢文炳合编《工作》半月刊,以宣传抗战、针砭时弊、伸张正义为宗旨。何其芳的名作《成都,让我把你摇醒》就是首发在《工作》半月刊上的。

从北京大学毕业后,方敬到四川罗江中学任教,并接受中共川康临时工作委员会的指示:在该校建立党组织。皖南事变后,方敬由成都经昆明转移到桂林,1942年(一说1943后)在桂林主办名为"工作社"的小出版社,出版文学丛书。1944年湘桂撤退时到贵阳,历任贵州大学讲师、副教授。同时主编《大刚报》文学副刊《阵地》,坚持抗战文艺的方向,发表抗战文学作品。抗战胜利后,方敬与潘家洵、吕荧、祖文等主办《时代周报》,争和平反内战,争民主反独裁,触怒当局,险遭毒手。1947年春,方敬从险恶的处境中转徙到重庆,历任国立女子师范学院、重庆大学教授,相辉学院外语系主任。

新中国成立后,方敬一直在西南师范学院(西南师范大学)工作,担任教授并历任外语系(后改为外语学院)主任、教务长、副院长。他长期主管西南师范学院外语系的教学、科研工作,一贯倡导学术民主与学术活跃,他负责创刊《西南师范学院学报》并领导学报工作,参与主持编纂《汉语大辞典》。他开设过英国文学史、英国诗歌、英国散文、翻译、中国现代文学等课程,从1985年开始,担任中国现当代文学专业硕士研究生导师,1986年支持建立了中国新诗研究所,20世纪80年代末创办《银河系诗刊》并担任主编。

这段时期,方敬的诗歌及散文,往往抒情与哲理融合,"有对时代精神、人生价值、生命与社会意蕴的探究,有对人杰地灵的讴歌"[1]。这是方敬创作的第三时期,此时方敬虽已渐入老年,但他的诗心不老,充满年轻的情思,被评论家赞誉为"新时期中国诗坛的另一种'归来者'"[2]。方敬在这个时期还发表了大量的序跋、回忆录以及诗文评论,他担任副总主编的《中国抗日战争时期大后方文学书系》等,在海内外产生了较大影响。

方敬在诗歌创作中追求真、歌颂美,在生活中也是一位率真爱美、维护真理的践行者。在一些原则问题上,方敬极为严格,而在生活中,方敬其实更像个小孩,不太理会人情世故,显得可爱天成。吕进曾回忆,20世纪80年代的一个儿童节,西南师范学院附属小学在西师大礼堂聚会,方敬作为学校领导出席,朗诵了献给儿童节的新作《飞鹰》,少先队员给他戴上了红领巾,他高兴得满脸都闪着亮光。过了好多天,吕进因事去方敬家,发现那条红领巾居然还挂在墙上。方敬夫人何频加对吕进说:"他兴奋得不得了,说六十几岁还当了一次少先队员。"[3]方敬与学生后辈谈天时,和蔼亲切,极富趣味,凡是有幸聆听过他教诲的学子无不对那种独特的"上课"情景深怀感触。曾问学于方敬的吴向阳动情回

---

[1] 吕进.方敬:创作轨迹与艺术风格[J].西南师范大学学报(人文社会科学版),2003(6):136.
[2] 万龙生.新时期中国诗坛的另一种"归来者"——为方敬先生百年诞辰作[J].中外诗歌研究,2014(1):26.
[3] 吕进.我们热爱这世界时便生活在这世界上——纪念诗人方敬先生[J].诗选刊,2018(6):111.

忆道:"先生和研究生在一起的时候,像变了一个人似的,不再是脾气古怪的小老头,而更像一个平等论道的学友。研究生和先生在一起,却像是走进了一部活的历史。先生从二十世纪三十年代起,一直在中国诗歌的现场,亲历大大小小的诗坛动作,与现当代诗人或师或友。走进方敬先生的小屋,先给先生的夫人何老请安,何老泡上一杯清茶,然后就把时间留给这些年龄相差半个世纪的'学友'。"①

方敬在为《李广田文学评论选》写的序言中说道:"真正有生命的东西是会不朽的。"这句话移用到方敬身上也是很恰当的,他的诗歌之真、诗歌之美,他的人生之真、人生之美,具有永恒的价值。

---

① 吴向阳.诗人方敬[J].星星,2014(32):111.

蒋可然

蒋可然（1915—1949），原名蒋昌繁，化名蒋君甫、蒋廷耀、向远、戈浪等，四川武胜人。革命烈士，曾任北碚中心县委书记。

1915年2月18日，蒋可然出生于武胜县三溪乡（今三溪镇）长深沟一个农民家庭，兄弟姊妹6人，父亲早年去世，家境十分贫寒。他幼年在长深沟东王庙读私塾，十分敬仰岳飞、文天祥，曾对家人说："我要学岳飞，保家卫国；我要学文天祥，高唱《正气歌》。"

蒋可然自幼勤奋刻苦，1933年考入重庆川江航务管理处第三期训练班，卒业后在川江航务管理处担任督察员。1935年，由陈士奇介绍加入了中国共产党。1939年，不到24岁的蒋可然被任命为中共巴县县委书记，随后又陆续调至梁平、大竹担任中心县委书记。这期间，他深入基层发动群众，发展壮大党组织，创办夜校、补习班、识字班，得到群众的赞赏和拥护。

1941年皖南事变后，抗日战争进入最艰苦的阶段，党组织决定隐蔽精干、长期潜伏。同年6月，蒋可然临危受命，接任北碚中心县委书记,当时北碚中心县委辖北碚、合川、邻水、武胜等10余县,管辖面积非常大。初到北碚,他先是住在东阳的廖家院子,后搬至文星场后丰岩的一个庙子里。为确保安全,蒋可然先以文星小学教员的身份做掩护开展工作,每天早出晚归、披星戴月。白天教书,夜晚和星期天外出活动。由于他行动敏捷,走起路来健步如飞,同志们都敬佩地称他为"飞毛腿书记"。

为了保存党的力量,贯彻党的原则,蒋可然刚上任就对北碚中心县委的领导成员作了大调整,调离已暴露的党员。每有同志调动,蒋可然都会找他们亲切交谈,帮助他们解决后顾之忧。

蒋可然自知身为县委书记责任重大,稍有差池就会给党组织带来无法挽回的损失。1942年,蒋可然主持召开了两次各县委主要干部会议。为了避免特务的跟踪和破坏,他将会议安排在北碚嘉陵江的船上举行。会上他一再告诫与会同志要谨慎行事,做好隐蔽工作,保护党组织的安全。在他的领导下,北碚地下组织在白色恐怖中完好无损。

1944年,蒋可然担任北碚东阳小学校长,他的爱人刘文涛(共产党员)也在该校当教员。当时,国民党特务机关安插了一名特务到学校任教导主任,专门负责监视他,多次要挟他加入特务组织。蒋可然征得上级党组织同意后,及时停止了与党的联系,冒着被抓捕的风险与特务周旋。1945年,蒋可然根据中共中央南方局的指示,回到武胜县三溪乡老家担任小学校长,开展农村工作。

在北碚期间,蒋可然的生活极为艰苦,但他还时时帮助更困难的同志。1941年,党员周子成从邻水县调来北碚,老婆孩子也来了,一时找不到工作,蒋可然便拿出一部分工资帮助他渡过难关。一次,刘文涛给蒋可然做了一件新衣服,可没几天,新衣服就不见了,一问之下才知道,蒋可然把衣服送给了一位要结婚却买不起新衣的同志。

长期为党的事业奔波和救助同志,蒋可然的家庭经济总是入不敷出。他的第一个孩子由于营养不良而夭折了,第二个孩子出生后,蒋可然的弟弟好不容易筹了一点儿"月礼"钱从老家送来,蒋可然也打算星期天去合川工作时买点儿鸡蛋回来,但当他在合川看到一个患重病的同志时,又忍不住把这笔钱全部送了出去。

抗战胜利后,蒋可然在三溪乡成立党支部,经常往来于武胜、岳池等县,发动群众,为武装起义做准备。华蓥山武装起义打响后,他领导的起义队伍转战合川、武胜、岳池等县,牵制了大量敌军,为集聚解放力量赢得了时间。几战之后,蒋可然的队伍损失惨重,寡不敌众,他也不幸被捕。特务对他毫不手软,老虎凳、辣椒水,轮番上阵,蒋可然始终坚贞不屈,视死如归。在狱中,他与许建业、江竹筠(江姐)、刘石泉等革命难友一道开展斗争。1949年11月14日晚,蒋可然与江姐等30多位难友英勇就义于电台岚垭,牺牲时年仅34岁。

苏葆桢

苏葆桢（1916—1990），字子干，江苏宿迁埠子镇苏圩村人。著名国画家，师从徐悲鸿、张书旂、傅抱石等大家。西南师范大学教授，硕士生导师。曾任中国美术家协会会员、重庆市美术家协会副主席、重庆国画院副院长。

苏葆桢

苏葆桢的父亲是前清秀才，喜好书画，家中收藏有一些碑帖字画，闲时拿来欣赏。苏葆桢6岁时经父亲启蒙，初试画笔，就表现出很高的天赋。看到儿子潜在的天赋，父亲就节衣缩食，寄钱到上海的书店邮购画帖给儿子临摹。江苏是文人画家辈出之地，老百姓爱画是风俗，许多人家都藏有三五幅古画，左邻右舍看着苏葆桢画画入迷，都主动把家中的一两件藏品借给他临摹。七姑八婆要描花鞋面样，找他画个图样；哪家姑娘想绣个荷包、肚兜什么的，找他画一两枝牡丹、菊花；村里有人结亲，图个喜气，也找他画幅画贴到家具上面。乡间并不讲究用纸，硬纸、毛边纸、生宣、熟宣，都可拿来作画，无形之中，早早锻炼了苏葆桢对各种纸张性能的把握力。①

1936年，苏葆桢毕业于江苏省立宿迁玻璃科职业学校。1938年，苏葆桢随江苏省立联合中学迁入重庆，次年考入中央大学艺术系国画专业，师从徐悲鸿、张书旂、黄君璧、傅抱石、陈之佛、吕斯百、吴作人等大家。在中央大学的五年中，苏葆桢得以系统学习绘画技艺和绘画理论，画技突飞猛进。其间，苏葆桢辗转于重庆、成都、泸州、江津（今属重庆）等地举办个人画展，声名鹊起。1941年，他的作品《秋菊双鸡》在重庆举办的中华全国美展中获"青年作家"一等奖。1942年，他的《和平胜利》《粉香玉暖》参加了国民政府教育部和中华全国美术会主办的第三届全国美术展览。徐悲鸿评价他说："苏君擅花鸟，才气洋溢。"常任侠评价道："观葆桢之画，即如见书旂之画也，书旂所受诸弟子，以葆桢最秀出，而作画又最勤，不仅能继宗风，其将来进程实无限也。"②

1944年，苏葆桢从中央大学毕业，在吕凤子的帮助下，进入位于璧山的江苏正则艺术专科学校担任教职。1946年，苏葆桢任江津窑业学校美术教师兼教务主任。其后，苏葆桢自己在璧山创办了健生艺术专科学校（简称"健生艺专"），1949年秋，学校迁至北碚禅岩。新中国成立后，苏葆

---

① 程芳银,金国旗.宿迁史话[M].北京:中国文史出版社,2009:334-335.
② 徐庆康."苏葡萄"苏葆桢[N].团结报,2016-06-18(07).

桢留在了北碚,历任重庆市北碚新中国艺专校长,重庆女子师范学院附中美术教师。

1956年,周恩来总理指示教育部在全国招聘人才,苏葆桢进入西南师范学院美术系任教,致力于美术教育事业。在此期间,苏葆桢也迎来了自己艺术生涯中的第一个黄金时期,各式各样的蔬果花草都被他一一纳入画笔之下,几乎达到了"无花不画""无果不写"的程度。正当苏葆桢画兴盎然、画艺精进、画名高涨之际,"文革"到来,苏葆桢受到了冲击,但人生的苦难并未使他放弃对艺术的追求。

20世纪70年代至90年代,他的创作进入了又一个黄金时期,他的作品也始终以真、善、美示人。正如徐无闻对他的评价:"他对生活始终抱乐观的态度,即使经历坎坷,仍然紧握画笔,执着于艺术的追求。画如其人,在他的作品里,没有怪僻荒诞,没有灰暗阴冷,他笔下的一切花鸟,组成了一个爽朗清新,富丽和谐的世界,给人们以恬美的慰藉,激发人们对生活的热爱。"[1]

苏葆桢深深懂得艺术的生命在于创新。他选择了从小就十分熟悉的葡萄作为突破口。葡萄不仅甘甜味美,而且圆润晶莹如玛瑙,在苏北乡间,葡萄还寓有多子多福之意,所以他对这种水果珍爱有加。苏葆桢认真研习徐渭、吴昌硕、齐白石、汪亚尘及张书旂所作的葡萄图,然后在前人基础上开拓创新,将关注的重点由葡萄藤叶转向饱满晶莹的葡萄串,着力展示葡萄的丰盈、充实之美。他摒弃传统葡萄的

---

[1] 徐立.徐无闻论文集[M].北京:文物出版社,2003:399.

"填写法"画法,利用水墨和生宣中棉料净皮纸的性能,采用"圈写法",用精简的两笔完成葡萄的形状,利用墨色的淡浓和中间的高光,画出带光感和水分饱满的葡萄,并将葡萄组成一球球富有立体感的葡萄串,表现枝头葡萄的空间感。①苏葆桢不仅擅长画水墨葡萄,还擅于调配花青、曙红、胭脂、藤黄等色,画紫色葡萄和绿色葡萄,并用紫、墨、绿三色画出不同颜色的葡萄串,配以篮子、盘子或各色花卉,表现

苏葆桢画作《硕果累累》

不同情状下的葡萄。20世纪70年代末以来,一幅幅构图精巧、设色秀丽、珠圆玉润、典雅端庄的作品相继问世,这些画富有昂扬的时代感,体现了焕然的生命活力,充满绵韧不屈的生机,人们对他所创作的葡萄画十分喜爱,嘉称其为"苏葡萄"。

1980年后,苏葆桢在重庆、成都、南京等地举办个人画展,并多次参加全国美展和国际画展。他编著的《写意花鸟画技法教程》一书,在2007年被列入普通高等教育"十一五"

① 徐庆康."苏葡萄"苏葆桢[N].团结报,2016-06-18(07).

国家级规划教材。苏葆桢在长达半个世纪的绘画生涯中,留存下了多姿多彩的作品,其卓著的成就,为新中国花鸟画的发展留下了重要的一笔。苏葆桢的写意花鸟画,继承以任伯年、张书旂为代表的近现代花鸟画之经验,更兼实践徐悲鸿重写生、对古法或守之或续之或改之或增之或融之的教诲。他在累遭命运挑战的情况下,仍取得了德艺双馨的成就。苏葆桢笔下的一草一木、一石一鸟,无不出自生活,他是一位热爱生命的艺术家,他用生命的华光照亮了不平坦的艺术之旅。

李际科

李际科（1917—1995），字志可，安徽休宁人，著名国画家。毕业于国立艺术专科学校（简称"国立艺专"），专攻花鸟，擅长画马。作品以意带形，笔力刚劲，境界高古，气势磅礴，代表作有《人民公社四景图》《九骏图》等。

李际科出生于河南漯河，他走上绘画艺术道路，最早得益于善于画老虎、教授他文化知识的私塾老师。他一边学习知识文化，一边研习《西狭颂》《芥子园画谱》《古今名画大观》《郎世宁画集》，通过自学，他不仅提高了绘画水平，还掌握了绘画艺术的理论知识。他对画禽鸟，尤其是画马产生了浓厚兴趣。

1938年，李际科考入国立艺专，师承潘天寿、吴茀之、张振铎三位先生。其中，潘天寿对其影响最大。为了鼓励李际科，潘天寿取"志可"艺名赠予李际科，李际科篆刻一枚"寿康宁"印章赠送老师，在20世纪40年代至60年代潘天寿的数十幅作品中，常用此印章，可见其师生情深谊长。

在国立艺专学习期间，李际科收获了自己的爱情，他与夫人傅本娴女士曲折浪漫的爱情故事，后来被琼瑶知悉，以他俩为原型创作出轰动一时的小说《几度夕阳红》。

1943年6月，李际科在国立艺专任助教，并向陈之佛校长学习工笔花鸟画。在国立艺专学习和教书使他的艺术视野更加开阔，确立了自己的人生理想和艺术观，那就是要做一个有很高绘画水平和丰富学术修养的人，更要做一个人品高尚、为人师表、像潘天寿那样的艺术家。

马是李际科一生研究的主题。在长期的观察中，他形成了对马的独特感受，并尽情地在创作中描绘马的真实形象，赋予马特殊的魅力。他以马为题材，塑造了许许多多意象轩昂、雄姿英发、具有鲜明个性特征的马，如《早春初牧》（中国美术馆收藏）、《照夜白》（漳州博物馆收藏）、《五花骢》、《二马相戏》、《骊驹》等，即使是在他的花鸟画中也体现着"马"的奋发向上的精神，如他的《鹤鸣九皋》（中南海收藏）、《蜀江之晨》（四川省美术家协会收藏）、《荔枝鹦鹉》（德国文化代表团收藏）、《月夜步牡丹畦》、《霁雨颂》等。

李际科作品《早春初牧》

1951年，李际科受聘于重庆艺专，教授创作及白描课。

1952年，李际科任教于西南师范学院。任教期间，他积极参加教学改革,编写教材,担任教育部"全国高师骨干教师研修班"工笔花鸟画的教学任务等,成为西南师范大学美术学院工笔花鸟画学科名副其实的开拓者与建设者。

李际科长期坚持写生,积累了很多关于鸟的素材,编绘成《鸟谱》,是学习中国花鸟画极好的参考资料。鸟类品种繁多,羽毛变化极其复杂,他将画翎毛的方法编绘成步骤图解,他编绘的《工笔翎毛画法》,无论是在当时还是在现在,都是美术院校花鸟画教学难得的好教材。

李际科精于白描,为了让学生能够打牢中国画的根基,他编写了《白描勾勒技法》,不但吸取了古代陶器、青铜器和各种工艺美术作品的用线精髓,而且将他自己的白描实践和心得融入其中。他的教学方法及著述对中国高等美术院校的中国花鸟画教学起到了积极作用。

为使美术事业薪火相传,李际科将他对艺术的爱、对美术教育的期望,寄托在后学者身上,着重培养新生力量,让青年教师一起进入课堂辅导。青年教师上课时,他都是早早进入教室,坐在后排仔细听讲,并作记录。下课交流后,他总是对青年教师热情地加以鼓励:"可以,慢慢来。"为的是让青年教师早日独立开课,尽快成熟起来,担起教学重担。

1982年,李际科光荣加入中国共产党。

1983年,人民美术出版社编辑出版的《中国书画14》一书中这样评价李际科的作品:"他对动物花鸟有深湛的研究,作过大量的写生,他画的马无论行、奔、立、卧都形神矫健……可默画百余种鸟雀,神态灵秀,生机勃勃,笔墨工细严谨,造型准确生动,并能参入西法,使画面产生明暗色彩的丰富变化,形成独自的面目。"

1988年,李际科进一步对《鸟谱》进行丰富,改编为"翎毛集系列",包括《翎毛画》《翎毛画法》《翎毛画的创作》三部分。

1994年,李际科又以顽强的毅力,完成了工笔重彩《九骏图》。这幅《九骏图》较之他过去以马为主题的作品,更具生活气息和时代感,这是他创作的最后一幅马画,这幅画体现了他对中国工笔画的执着追求与探索。

李际科把毕生精力奉献给了艺术和艺术教育事业。他一生淡泊名利,独钟情于马,舍去极好的国立艺专教席和中国科学院植物研究所的编绘工作,为马到处流浪,即使饥寒交迫,也无怨无悔,他用豪迈的步伐走完了艺术教育和艺术探索的人生历程。

许建业

许建业（1920—1948），原名许明德，四川省邻水县延胜乡人，革命烈士，长篇小说《红岩》中主要人物之一的许云峰就是以许建业为原型创作的。

许建业

许建业少时家境贫寒，4岁丧父，过着寄人篱下的生活。母亲的期望、叔父的狠厉、堂兄的侮辱，都激励着他刻苦学习，发愤图强。

1938年9月，许建业接替欧汝钦成为中共邻水县特支书记。两个月后，北碚中心县委调任许建业为北川铁路矿区委员会组织委员，以白庙子绞车站管理员的身份在天府煤矿开展工人运动。许建业到任后，深入工人群众中间，与他们同吃霉米饭，同住小矮屋，时常挤出时间帮助工人拖车拉煤，还常以自己微薄的薪水接济工友，冬天矿上给管理人员烤火用的木炭，他也拿出来与大家一同享用。这样一来，许建业很快就与工人打成了一片，进而利用各种机会教工人唱歌、识字，以"摆龙门阵"的形式向工人宣传抗日救国的道理，深受大家欢迎。

1939年，许建业响应党组织的号召，决定在"五一"国际劳动节组织罢工，抗议矿方的剥削和压迫。5月1日清晨，白庙子绞车站的绞车停止转动，周围一片寂静，工人们集体休假去北碚游玩。不多时，火车从矿井拉来的煤炭就堆满了整个白庙子绞车站。绞车站是煤炭运输的咽喉，绞车一停，不仅矿上拉过来的煤无法运走，河里的船也无法开动。矿方得知这一情况后十分惊慌，转运科主任李继高心急火燎地跑来责问许建业："你身为管理员，你管的人哪儿去了？工人罢工，是你的失职！快把工人给我找来，不然，通通开除！"许建业不紧不慢地回答说："李主任，可不能这样说啊，工人走时没向我请假，知道停工的时候，他们已经没影了，我有什么过失？你叫我上哪儿找去？"李继高见他理直气壮，将语气软下来："好了，好了，不说这些了！你也知道，绞车一停，煤炭就堆积如山，快去北碚把工人叫回来吧。"于是许建业答应去北碚说服工人回来工作，但李继高随即又担心许建业不在，绞车站工作没人看管，工人回来不做工，事情更难办，于是连忙指使许建业身边的勤杂工去北碚叫人。午后，勤杂工回来报告说："工人们要我转告李主任，今天是'五一'国际劳动节，应该光明正大地休息，要上班也可以，必须给发加班费，否则绝不上班。"李继高一听，立即将许建业带到天府公司煤场主任兰体仁面前。兰体仁气急败坏地大声训斥许建业，许建业镇定地说："兰主任，这事也不能全怪工人，今天是国际劳动节嘛，全世界的工人都放假，我们的工人自然不应该例外。如果要他们工作，还是发加班费为好。"兰体仁当然不同意。不多时，绞车站的部分工人来质问兰体仁到底发不发加班费，不发就拒绝上工。无奈之下，兰体仁只好向矿方请示，同意发加班费。在许建业的组织安排下，白庙子绞车站的工人们取得了罢工的胜利，也因此更加信任许建业，更加信赖中国共产党。

皖南事变爆发后，国统区的地下党组织遭到严重破坏，许建业依照党中央的指示，离开了天府煤矿，先是化名"许立德"在重庆大溪沟小学当老师，随后又考进了重庆和成银行当会计。这期间他广泛接触沿江一带的海员，向他们传播进步思想和革命理念。1942年，与许建业联系的领导突然转移，与党组织失去联系的他如同失去母亲的孩子一般，他毅然辞去工作去寻找党组织。次年夏天，他与党组织重新取得联系，在中共巴县中心县委的领导下继续从事工人运动。1947年，许建业担任中共川东临时工作委员会委员、重庆市工运书记。

1948年，国民党在内战前线节节败退，就在国统区大规模地搜捕共产党员。4月4日，正当许建业与共产党员高震明在茶馆里商谈工作时，特务们带着受许建业直接领导的任达哉前来抓人。许建业见几个陌生人来到茶馆门前，任达哉的神色有异，立即暗示高震明逃走，而他自己却不幸被捕。

1948年7月21日，许建业在重庆大坪英勇就义，牺牲时年仅28岁。新中国成立后，小说《红岩》的作者根据许建业的事迹塑造出的许云峰的英雄形象传遍大江南北，家喻户晓，教育和激励着一代又一代人。

马珍

马珍(1920—2019),河北永清人。1939年12月参加革命工作,1940年12月加入中国共产党。马珍青年时期是一名英勇的革命军人,曾参加"百团大战"。新中国成立后,从革命军人逐渐转型为工业建设的佼佼者。20世纪60年代响应国家号召,来到重庆北碚,投身于轰轰烈烈的"三线建设"运动,为四川仪表厂的建设和发展付出了巨大心血,后来担任四川仪表总厂(北碚人将在碚四川仪表总厂及分厂,皆简称为"川仪"或"川仪厂")厂长一职。

"三线建设"时期在北碚的马珍

新中国成立后,国家制定了发展工业的"一五"计划,马珍成为第一批被组织抽调出来搞工业的革命军人。他跟随赵迪之领导的仪表生产企业筹备处,从北京奔赴西安,筹建国内第一个仪表厂——西安仪表厂。经过两年多的艰苦建设,西安仪表厂终于建成投产。该厂生产出来的仪表产品,可以满足工业的基本需求,这也标志着"中国仪表制造"开始进入初级阶段。

20世纪60年代中期,随着国际形势的演变,我国周边局势越发严峻。在此情形下,为加强战备,党和国家决定实行生产要素配置向三线战略性大转移,确保我国拥有一个相对安全的战略后方。在"好人好马上三线,备战备荒为人民"[1]的鼓舞下,全国范围内掀起了一场声势浩大的"三线建设运动"。1964年,第一机械工业部委派毛梓才、马珍等人到西南重镇重庆,组建西南仪表公司现场指挥部。按国家规划,要用两到三年时间在重庆布点建设仪器仪表自动化主机厂、元件材料厂、科研所等30多个生产点,范围辐射三县一区,工程浩大。尽管当时条件艰苦,任务繁重,但大家心头火热,充满着精气神。马珍和相关人员来到北碚后,开始从无到有搞建设,风雨无阻地跋山涉水观察地形地貌,选点布厂。他们个个干劲十足,下定决心,拼命也要把三线建设搞好。

1965年3月9日,西南仪表公司现场指挥部成立,同年11月23日,四川热工仪表总厂筹备处正式成立。1966年春,上海、西安、南京等地的十多家企业,3000多名职工和青年知识分子告别故土,千里迢迢从祖国的四面八方汇集到北碚,在嘉陵江畔安营扎寨,他们同当地职工一起白手起家,艰苦创业,边搞基建边生产。短短两年时间,敢拼敢闯的川仪人,硬是在嘉陵江畔建成了20多家仪表厂。1972年,在澄江、歇马等地陆续建成12个分厂,开始生产DD-2型组合仪表。1974年,独立开发出我国第一台高速巡检装置,用于大功率核反应堆的严密检测系统。1975年,定名四川仪表总

---

[1] 梅兴无.三线建设:新中国的宏伟战略工程[J].文史天地,2019(11):30.

厂,选定电动单元组合仪表、气动单元组合仪表、工业控制机为发展方向。①

仪表厂建成后,也暴露出许多矛盾。如内迁职工子女就业困难,产品品种少,技术水平低,职工队伍技术人才稀缺等问题。鉴于此,马珍和相关领导多次召开座谈会议,征求各方意见,了解职工切实需要,外出考察学习经验,最后制定出解决方案,创办了川仪技工学校,解决了各厂技工困难和职工子女就业问题,川仪的文化血脉也由此得以打通和延续。"为了川仪,我们献了青春献终身,献了终身献子孙,无怨无悔!"以马珍为代表的川仪人,正是凭借着这股热血精神,谱写了一幅壮丽的图卷。

1966年5月16日,正当马珍准备甩开膀子大干一场的时候,"文化大革命"开始了,一夜之间乾坤颠倒,马珍被"打倒了",经受了长达十年的凌辱与折磨。多年后,98岁的马珍说起这一段过往却云淡风轻,他爽朗地说:"我骨头硬,没什么,而且我相信我这一生不会就这么完了。"

1978年,党的十一届三中全会后,马珍也恢复了工作。1979年至1983年,马珍担任四川仪表总厂厂长。他身上带着十年隐忍的病痛,心里却是劫后余生的感恩。为了振兴发展迟滞的川仪事业,也像是要把这十年缺席的工作补回来,年近耳顺之年的马珍争分夺秒地工作。马珍的女儿回忆那个时期的父亲,"都是早出晚归,基本上在家里看不见他"。

---

① 重庆市北碚区地方志编纂委员会.重庆市北碚区志[M].重庆:科学技术文献出版社重庆分社,1989:207.

有一天，马珍因劳累过度，在工作中突然晕倒，多亏工人将他及时送到医院抢救，才逃过一难。在马珍的主持带领下，川仪探索了仪器仪表行业按专业化协作的原则组织联合企业，发展成套产品，搞好经营服务的路子，取得了比较成功的经验。从 1965 年建厂到 1985 年，二十年来，川仪从无到有，从小到大，从弱到强，初具规模。一座现代化的仪表城在重庆北碚拔地而起，成为沪、渝、陕全国三大仪器仪表生产制造基地之一，20 世纪 80 年代，光荣进入中国 500 强企业。

川仪总厂办公大楼

1988 年，马珍离休，但那份对川仪的牵挂却一直没有离开。1995 年，川仪进行股份改制，75 岁的马珍为了川仪员工的福利，不辞辛劳，四处奔走，很多员工感念马珍这么大岁数还为川仪劳心奔波。马珍只是哈哈一笑:"能为川仪的员工谋福利,那就是没白跑!"

退休后的马珍给自己量身定制了一个"看、转、好"的夕阳红"三字经"。看,就是坚持天天看中央电视台《新闻联播》、《重庆新闻联播》和有关报刊,每周三到集团公司看中央有关文件,了解掌握国内外大事要事,使自己头脑清醒,不糊涂。转,就是绕居家的北碚城区转两圈,活动筋骨,保持身体硬朗。好,就是爱好。老来所好,马珍开始学习欣赏名家字画,在丹青里寻求意趣,当然有时也为企业的改革发展建言,尽一点绵薄之力。从革命军人到厂长,马珍老人身上镌刻下了历史的深深印痕,他曾为民族和国家的复兴与繁荣倾尽所有,年迈之年,又默然隐退。

王朴

王朴（1921—1949），原名王兰骏，四川省江北县复兴镇人（今属重庆市北碚区），革命烈士。

1921年，王朴出生于物质优渥的家庭。其父早年做猪鬃生意，购置大量田产，富甲一方。王朴虽为富家子弟，但从小生活节俭，通晓民族大义，岳飞、苏武等民族英雄的故事早已熟记于心间。随着年龄的增长和学识的积累，王朴对于国家时事有着独到的见解，自幼萌生的民族国家意识越发明晰而强烈。

1944年，王朴以优异的成绩考入北碚夏坝的复旦大学新闻学系。其间，王朴阅读了大量革命书刊，并与中共中央南方局青年组成员接触，接受了马克思主义思想，成为一名共产主义战士，积极参加爱国民主学生运动，是复旦学生运动的骨干。后来，王朴还成为《中国学生导报》编辑部成员，并捐资支持《中国学生导报》的出版发行。

抗战胜利前夕，王朴积极配合党组织在川东地区创立秘密的革命"据点"，义无反顾地选择深入农村兴办学校。王朴选取复兴乡李家祠堂作为办学地点，取父亲王莲舫和母亲金永华名字中的各一个字,将学校命名为莲华小学。后为扩大办学,又买下逊敏书院,创办莲华中学。再后来又接办志达中学。他的办学目标一方面是引导广大农民学习文化知识、追求自由,为争取重庆解放凝聚力量;另一方面是为党在川东地区的地下活动提供掩护,壮大和巩固党组织力量。在国民党的白色恐怖统治之下,这些学校成了党在江北县和北碚区开展地下工作的重要"据点"。随着学校规模的扩大,中共中央南方局分批派遣中共四川省委青年组的同志到学校任教,其中就有后来成为王朴妻子的褚群。

1945年9月,莲华学校开始对外招生,吸纳了大批农家子弟就读,就连夜校里也挤满了农民。在中共中央南方局领导的指示下,莲华学校在教材编写和课程教授中有意识地渗入阶级教育,并用通俗易懂的歌谣俗语呈现出来,方便学生理解和学习,启发农民自我觉醒。王朴还亲自教夜校农民唱歌:"七月里,热难当,晒好谷子收进仓。老板说租不肯让,光看'水鸭'莫得想。"①

从1945年7月至1948年间,中共中央南方局先后派去数十位党员和进步人士以不同的身份协助王朴开展革命斗争。他们以莲华中学为据点,陆续在农村建立党组织,领导革命斗争,先后成立了江北农村工作组、中共江北特支、江北工委。

1947年秋,国民党军队在战场上节节败退,国统区掀起民主运动高潮,国民党特务疯狂镇压,斗争形势愈加严峻。

---

① 肖析.追忆王朴烈士[J].红岩春秋,2018年(5):38.

为配合川干团在四川的抗敌活动,川东临委决定成立北区工委,齐亮任书记,黄友凡任组织委员,王朴任宣传委员兼做统战工作。北区工委负责管辖江北县和北碚部分党组织。工委成立之日,三人齐聚逊敏书院,深入研究华蓥山武装起义的准备工作。他们一致认为可以建立一条从复兴通过静观、柳荫、偏岩到华蓥的秘密通道,暗中支援华蓥山的武装起义,但这需要购买大量的武器弹药。齐亮和黄友凡正在犯难,王朴便主动提出愿为这次行动提供资金支持。不日,他便返回莲华中学动员母亲。王朴自幼在母亲的教导下长大,深知母亲的为人品性,母亲也对王朴的理想追求甚为支持。当他向母亲说明来意时,金永华慷慨应允,不惜变卖田产支持儿子。王朴用变卖田产筹集到的近2000两黄金购买了大批枪支弹药,积极发动群众参与武装斗争,还用剩下的资金继续扩大校舍,巩固党的活动据点。在母亲的支持下,王朴

王朴旧居

还在重庆建立了南华贸易公司,负责向党组织提供经费。

1948年4月,王朴按照早先约定的时间地点与刘国定接头,等了很久不见人来。王朴察觉到了事态异常,但为了掩护工委的同志安全转移,减少组织损失,他毅然决定留下善后。4月25日,王朴按照预先的计划,只身回到重庆,受到特务的严密监视,27日在南华贸易公司被捕,后被囚于歌乐山下的渣滓洞监狱。

在狱中,面对各种威逼利诱和酷刑,年轻的王朴铁骨铮铮,视死如归。他坚持学习,坚持斗争,他和许晓轩、陈然等难友们一起思考总结革命斗争的经验教训,总结出著名的"狱中八条"。他在带给妻子的口信中说:"莫要悲伤,有泪莫轻弹。你还年轻,你的幸福就是我的幸福。"①并强调给儿子取名"继志",希望能够继承他未竟的革命事业。

国民党特务分子在王朴那里一无所获,1949年10月28日,王朴与其他10名难友被押解至大坪肖家湾佛图关刑场,英勇就义。

新中国成立后,家乡人民在静观镇建立了王朴烈士公墓和纪念馆,王朴的母亲金永华去世后也安葬于此,志达中学改名为"王朴中学"。每届学生毕业时,毕业证上都盖有两位校长的印章,一为王朴校长,一为现任校长,学校以此激励学生永远传承革命先烈的遗志。2019年习近平同志在重庆考察工作结束时发表讲话,高度赞扬王朴等英烈的革命精神,称赞他们"坚贞不屈、永不叛党"。

---

① 王朴.在狱中带给妻子小群[G]//重庆歌乐山纪念馆.红岩魂·铁窗下的心歌:白公馆、渣滓洞烈士诗歌与书信选.北京:解放军文艺出版社,2001:213.

荀运昌

荀运昌(1921—2008),陕西西安人。著名书法家、教授,西南大学文学院古代文学、书法专业硕士生导师,中国书法家协会会员、全国唐代文学协会会员、重庆诗词学会顾问。著有《诗词楹联写作》《荀运昌书法集》等。

荀运昌

荀运昌从小就对文艺作品有浓厚兴趣,喜爱读中国古典小说,对诸如《西游记》《水浒传》《三国演义》《红楼梦》等小说中的韵文、诗词、对联等,更是情有独钟,几乎过目不忘。其书法的起步,则缘于有一新年元旦,他看人书写春联,觉得龙飞凤舞的字迹煞是好看。回家后,就拿起毛笔写起字来,而这一写就再也停不下来。[1]

全面抗战爆发后,日寇的铁蹄步步进犯。1938年,荀运昌几经辗转,到了四川秀山(今属重庆),进入国立第八难民中学读高中。秀山的高中生活既艰苦又充实。荀运昌的语文老师爱好书法,也教学生学习书法。从小喜欢练字的荀运昌,便多了一份乐趣,练习书法,成为他的一种寄托。荀运

---

[1] 邓力,何卫东.我许丹青——西南大学部分书画名家图画[M].成都:四川大学出版社,2011:166.

昌跟着老师学习大字魏碑，打下了良好的基础。

高中毕业后，荀运昌开始了辗转不定的生活。他先在酉阳谋得一份工作，到设在酉阳的中国运输公司川湘转运处当了一名职员；一年后，他到了重庆，成为国家总动员会的职员。1943年，他考入财政部直辖的花纱布管制局，一直在那里工作到抗战胜利。抗战胜利后，战时迁到重庆的机构、人员开始了大规模的复员，荀运昌因职务低微，被列入复员遣返之列，拿到一笔微不足道的遣返费后就失业了。此时，荀运昌的朋友因父亲病瘫，要回安徽老家服侍，荀运昌得以补缺，进入沙坪坝中央工校，在其教务处当了一名小职员。小职员的职位，自然不是荀运昌安身立命的理想，他内心始终有进一步求学的强烈愿望。数月后，荀运昌得到机会，报名参加了1946年暑期的大学入学考试，被重庆大学中文系录取。

大学期间，荀运昌有幸成为作家艾芜、书法家商承祚、诗人邵祖平等的学生，他们的教导让他受益终身。特别是艾芜，给了他很多的精神启发和帮助。几十年以后，在艾芜百年诞辰之际，荀运昌以一首《满江红》，表达多年来一直萦绕于心的敬意和怀念：

早岁离家，万里路，艰辛跋涉。为目睹，民殃国祸，满腔血热。古荒陬行且记，餐风宿露披星月。莽人间，苦难事何多，笔尖说。

一杆笔，千秋业。褒善美，贬恶劣，更大庠执教，尽心竭力。八十多年写与教，满园桃李百书册。祝期颐，冥寿谢师恩,悲欣集。[1]

这首词既是对恩师的深切缅怀,也是荀运昌对自己人生的描写,读之令人感叹不已。

除作家艾芜之外,商承祚是另一位对荀运昌影响深远的大学教师。商承祚既是书法家,也是古文字学家,以在甲骨文、金文、篆书、隶书等方面的成就闻名海内外。荀运昌在其门下如沐春风,得到商承祚的悉心指导,书艺大进。

荀运昌于北朝碑版、唐楷多有用心,其书法小楷大有雅宜山人风骨,行书取法颜鲁公与二王者为多,于晚清赵之谦、康有为诸家也多有研究。20世纪上半叶,崇尚碑版之风令当时书家多有贵碑贱帖之偏见,他虽启蒙于其时,却并无偏执,而兼有碑帖之长。不仅如此,对于古代书论,他也烂熟于心。孙过庭《书谱》、张怀瓘《书断》等名篇,他均张口即来。书论之熟,与其创作相表里,使其书法多有书卷之气,而绝无碑版书家之霸悍之气。及至老年,在他的腕下,老笔纷披,点画纵横,槎槎丫丫,如万岁枯藤,老鹤山立,不假修饰,而风规自远。

1950年,荀运昌大学毕业,留校任中文系助教。1952年,全国范围的院系大调整,重庆大学中文系并入西南师范学院,从此缙云山下、嘉陵江边多了一介乐山乐水的书法人、诗人和学者。

荀运昌生前一直担任西南师范学院中国古代文学和书

---

[1] 邓力,何卫东.我许丹青——西南大学部分书画名家图画[M].成都:四川大学出版社,2011:164.

法艺术两个专业的专业课程教学任务，也是这两个方向的研究生导师。他对教学工作的专注和认真，得到了师生的一致好评。他的学生曹建曾回忆说："先生晚年，疾病缠身，而其达观态度，感染多人。先生病中，我等前去探视，先生则常虑及书法专业之发展与学校前途，居病室而常忧庙堂社稷。先生之心，有着天真而单纯之想象，安静而有读书人之真情。情真而意切，此乃艺术之所以立命安身。"[①]的确，要想从荀运昌的言谈行为乃至书法艺术中，找出金光灿灿的噱头作为炒作之本，都是徒劳。但荀运昌的艺术造诣和为人处世之道却在他的朴实、坚守中显现出动人的光彩。

荀运昌手迹

半个多世纪以来，荀运昌以"淡虚名，求实在；避吹捧，远帮派"为座右铭，踏实稳健地走过了人潮学海、书山字林，他的端庄稳重、雍容大器，一如盛唐气象的颜体，实实在在地书写出了一个正直而浑厚的"人"字。

---

① 曹建.怀念我的老师荀运昌先生[N].西南大学报，2008-03-25(04).

邹绛

邹绛(1922—1996),原名邹德鸿,出生于四川乐山五通桥,著名诗人,翻译家,西南大学中国新诗研究所创建者之一。

邹绛主要从事外国诗歌翻译、教学,以及中外诗歌比较和中国现代格律诗的研究工作。邹绛对"诗"本身,有着特殊的敏感。七月派老诗人朱健曾说,邹绛是真正懂得诗的,能从字句,读出心声。"懂诗"的邹绛本人似乎也活成了一首诗,邹绛的生活完全是围绕诗歌展开的,他读诗、写诗、译诗、选诗、编诗、评诗、教诗,七个方面相互关联,彼此辉映。邹绛是一位毕生以诗为伴,以诗为业的罕见的学贯中西、兼察古今的全能型诗家,在诗歌创作、研究、教学、翻译、编选诸多方面都作出了不可磨灭的贡献。

中学时代的邹绛,曾为臧克家"那些描写劳动人民苦难生活和社会不公正现象的诗"所打动,喜欢过田间的充满战鼓节奏的短小有力的诗行,"以后又沉浸在艾青那些优美而略带忧伤的诗句中"[1]。此时的邹绛,与普通"新诗读者"和

---

[1] 段从学.淡泊宁静"画"诗人[J].星星,2018(20):67.

"新诗爱好者"并没有什么区别,关注的是"新诗的内容"。

到武汉大学求学后,深受朱光潜、卞之琳等前辈的启发,邹绛的诗学重心又从"新诗的内容"转向了"新诗的形式"。从此,探索先锋的"实验性",注重"新诗的形式",坚持写各种形式的格律诗,便成了邹绛终生不渝的追求。

1963年,邹绛于西南师范学院(西南大学前身)外语系任教。1986年,参与创建了中国新诗研究所,并一直在该所任教。由于邹绛在格律体新诗方面的积极倡导和践行,胡乔木曾经亲笔给他写信,肯定他在诗体建设上作出的贡献。1996年1月邹绛去世以后,诗人张继楼送来的挽联"ABCD随风去,平仄对仗留人间",十分准确地概括了邹绛格律体新诗创作的成就。①

邹绛生前出版有3种共6册诗歌选本,其中最具影响力的是《外国名家诗选》。如果将书中所有诗人的诗作汇聚在一起,就构成了一部精简的外国诗歌发展史。这部诗集不仅广受诗歌爱好者的喜爱,而且成为了解和研究外国诗歌的必读书目。同样耗费邹绛巨大心力的《中国现代格律诗选(1919—1984)》(重庆出版社1985年版),也获得了极高的赞誉与极大的影响。选集所涉及的诗人涵盖了从五四时期直到1984年的代表诗人,对把握整个20世纪中国诗歌的发展演变,具有重要的参考价值。正如著名诗人兼诗论家唐湜评价的那样,《中国现代格律诗选》"较完整地反映了新诗中格律诗的发展道路,在诗的抒情质量与格律样式两方面都提供

---

① 吕进."圣人"邹绛[N].西南大学报,2012-04-25(04)

了范例,可以细致地品味细吟,也可以作宏观的把握,把握新格律诗的发展方向"①。

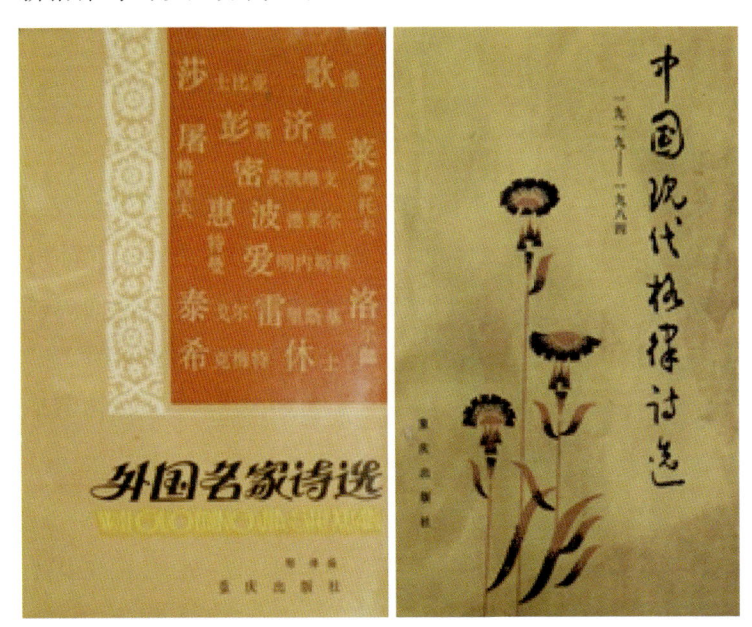

邹绛编选的《外国名家诗选》《中国现代格律诗选》书影

邹绛在大学时代就开始翻译外国诗歌。1942年暑假,他从英文版《国际文学》上转译了莱蒙托夫以争取自由解放为主题的著名长诗《一个不做法事的和尚》(后多译为《童僧》),发表在当年9月20日桂林出版的大型诗刊《诗创作》第14期上,对青年读者产生了较大的影响。从此以后,邹绛"不惜译事苦,但喜知音多"②,总共出版译著10种,其中7种是诗集。正因为这种恒久的坚持,他的生平事迹被收入《中

---

① 唐湜.一片新荷,在风中招展——读邹绛编《中国现代格律诗选》[J].社会科学杂志,1987(4):75.
② 吕进.诗香域外来——记诗歌翻译家邹绛[J].文谭,1982(9):38.

国翻译家辞典》《现代译诗名家鸟瞰》等辞书之中。而《黑人诗选》《葡萄园和风》又是他众多翻译作品中影响最大的两种。虽然邹绛并不是译介黑人和聂鲁达诗歌的第一人,但正是通过这两种选本,中国读者才逐渐熟悉并热爱上了黑人和聂鲁达的诗歌。

  在长达四十年的教学生涯中,邹绛培养了大量的诗人与学者,实现了诗情的延续、学术的薪传。曾在西南师范学院受到邹绛教益的向天渊后来回忆说,邹绛为他们开设了外国诗导读与专业英语两门课程,教材是邹绛亲自复印的。前者是一些英语诗作,他要求学生课前熟读,并搜集不同的中文翻译进行比较,上课时进行讨论,辨析诗作的思想与艺术特征,并评判不同翻译的优劣;后者则是两篇英语诗学论文,一是华兹华斯的《抒情歌谣集序》,二是艾略特的《传统与个人才能》,也是课前仔细阅读并自行翻译,上课时逐字逐句地讨论。上课过程中,邹绛总是在倾听学生的看法之后才发表他的见解,而且往往是言语不多却能够一语中的。[①]在课堂上,邹绛经常为学生讲述一些逸闻趣事,其中最精彩也是他最得意的,莫过于回忆在武汉大学求学时听朱光潜讲英文诗的场景。比如,朱光潜要求学生有节奏、有表情地背诵出课堂上讲授的英文诗作,并以自己带有安徽地方色彩的英文朗诵以及进行精辟的分析,等等。通过邹绛的描述,学生们得以领略到一代大师的风采。

  邹绛担任过至少5种刊物的编辑或主编,它们依次是

[①] 向天渊.蠡测邹绛先生的诗学造诣[J].中外诗歌研究,2006(1):26.

《西南文艺》《红岩》《星星》《四川文学》《中外诗歌交流与研究》,前4种刊物,他或者是诗歌编辑,或者是编辑部诗歌组组长,一生与诗结缘。他是"诗"的知己,是真正"懂得诗"的人,他本人更是一首大写的"人之诗"。

路翎

路翎(1923—1994),原名徐嗣兴,祖籍安徽无为县,出生于江苏苏州。中国现当代著名作家。

1938年春天,15岁的路翎被安排进入北碚文星场的国立四川中学继续他的初中学习,由此开始了他在重庆长达近十年的生活。在北碚,路翎经历了恋爱、结婚、生子、与"导师"胡风相识等重要人生时刻,创作了被誉为"'五四'以来中国知识分子的感情和意志的百科全书"[①]的《财主底儿女们》和大量中短篇小说,由此奠定了他在"七月派"中的中流砥柱地位。

路翎就读于国立四川中学期间,因思想左倾,在高中二年级时被学校开除。1938年,路翎写了一首长诗《妈妈的苦难》,向胡风主编的《七月》投稿,该诗虽然没有被发表,但他却得到了胡风的鼓励,并因此与胡风相见相识。很快路翎就成为"七月派"的主要撰稿人,是"七月派"重庆编辑站中的重要成员,路翎和胡风也就此结下了深厚的情谊。

---

① 鲁芊.蒋纯祖的胜利——《财主底儿女们》读后[G]//杨义,张环,魏麟,等.路翎研究资料.北京:北京十月文艺出版社,1993:118.

1940年夏,路翎经继父张继东介绍,到北碚白庙子国民政府经济部矿冶研究所会计科任办事员,工作地在天府煤矿矿区。他每天可以看到工人天不亮就下井,在黑暗的世界里辛苦劳作一整天,晚上伴着灯光才爬出来。煤窑的井下没有任何安全设施,随时都有人丧生。如果死的是当地人,窑主还会给一口薄棺材,要是外地人,就只有一张篾席裹身了。矿主还会通过开赌场、烟馆、妓院等,想尽一切办法把矿工用生命换来的钱赚回去。工作时间,他目睹了死亡工人的乱葬坑,造访了工人宿舍,了解了工人的生活状况,也数次下到矿井里参观,这些为他日后写作反映矿工生活的作品提供了许多原始资料。写于1940年的《黑色子孙之一》就是路翎这段时间的观察所得,真实地再现了矿工的生活境遇。

1941年,路翎开始写《财主底儿女们》,写好后寄给胡风。胡风此时正因皖南事变暂避香港。在日机轰炸香港时,书稿不幸在战火中丢失。胡风离开重庆的这段时间,也是日机轰炸重庆最疯狂的时候,整座山城人心惶惶,人们每天处于惊慌和恐惧之中。路翎整日疲于躲空袭,生活艰难,情绪失落,但还是坚持写下了《青春的祝福》《棺材》等作品,并已经开始写作《饥饿的郭素娥》。得知胡风返渝的消息,他异常兴奋,听闻小说手稿丢失,也并没有气馁,反而对于重新构思《财主底儿女们》充满信心。

《财主底儿女们》封面

  1942年5月,路翎离开矿区前往南温泉,在国民党中央政治学校图书馆任职。他和好友方管共住在学校附近山坡上的一间小屋里,白天办公,晚上抽空写作。短短几个月,他就完成了《饥饿的郭素娥》的创作,并开始重写长篇小说《财主底儿女们》。从1942年5月到1944年4月,在将近两年的时间里,路翎不仅要忍受蚊虫叮咬、热气蒸腾,或湿气寒风的侵袭,还要忍受病痛的折磨。他虽然年轻,但还是难以抵挡长期吃平价米对胃造成的伤害。无数个夜晚,他忍着胃如刀绞的剧痛构建着他的精神大厦。实在难以忍受时,就拉出抽屉,顶住胃,继续写作。文学界和理论界的误解、压迫,让他在绝望和希望中不断挣扎。既要考虑到开拓新的精神境界,又要准备挨批。如此深刻、庞大的创作体量,对于22

岁的路翎来说不失为一种探险，他只有孤注一掷。

1944年4月，《财主底儿女们》下部终于完稿。这部近八十万字的鸿篇巨制，在当时或是后来一段时间里，都是罕见的。胡风为此书作序时评价说，"《财主底儿女们》底出版是中国新文学史上一个重大的事件"，"在这部不但是自战争以来，而且是自新文学运动以来的，规模最宏大的，可以堂皇地冠以史诗的名称的长篇小说里面，作者路翎所追求的是以青年知识份子为辐射中心点的现代中国历史底动态"。[1]这部小说写于抗战最艰苦的时期，结构宏大、人物众多，其中的情感、精神也更为丰富、深刻，它的出版奠定了路翎在文坛的地位，也更加增进了他和胡风的友谊。在写作《财主底儿女们》期间，路翎也收获了他的爱情。他与余明英交往四年多，1944年8月15日，他们在北碚的兼善公寓举行了婚礼。二人临时在黄桷镇夏坝街租了一间民房作为新房。

抗战胜利后，路翎一家迁回南京。1947年，他完成了剧本《云雀》的创作，新中国成立后，又陆续写出散文《板门店前线散记》、小说《洼地上的"战役"》等。1994年2月12日，71岁的路翎突发脑出血辞世。路翎是一个天才，更是一个脚踏实地的奋斗者。他一生创作了大量文学作品，在国内外产生了重要影响。路翎是全面抗战时期大后方文艺界"闪现出来的一颗新星"[2]，而北碚则是悬挂这颗新星的耀眼天幕。

---

[1] 路翎.财主底儿女们（上）[M].重庆：希望社，1945：序1.
[2] 顾国华.文坛杂忆续编[M].上海：上海书店出版社，1999：216.

秦效侃

秦效侃（1925—2021），名运夔，字效侃。四川省岳池县人。西南大学文学院教授，著名书法家、古代文学研究专家、诗人。著作有《未花集》《北音桥运夔诗文稿》等。

秦效侃自幼在成都生活，6岁时进入四川省立成都实验小学，接受正规的现代教育，每当回家则又受父母及特聘塾师的传统文化教育。对此，秦效侃形容道："学校课程外，家课严有余：四书与五经，温书复生书。"

少年秦效侃，在传统文化与现代知识的双重濡染下，涉猎广泛，酷爱文史，把主要精力投入到吟诗作词、临池习书上。秦效侃的父亲很开明，为他延请名师，书法家沙园、公孙长子等皆为其师，他还得到名家何鲁、张大千等的指点。

秦效侃的天分充分体现在诗歌与书法两个方面。11岁时，即获得成都市16岁以下级别书法竞赛第一名、国语竞赛第一名。

1939年，秦效侃小学毕业，升入成都县立中学，恰遇父亲辞职回乡，那时成都亦为日寇重点轰炸对象，为避空袭，他便随父返乡，转入岳池县立初中读书。

1942年，秦效侃考入广安县立中学高中部。此时的他依旧专注于文史诗书，中文成绩名列全县同级学生之首，学校为此曾单独聘一人来评改他的中文试卷。高二时，秦效侃就兼任了当地一家报纸的副刊的编辑。

1945年冬，抗战已取得胜利，秦效侃也高中毕业。他怀抱着"丈夫一世重横行"的豪气，于次年春考入重庆朝阳学院法律系，并兼任《新蜀报》编辑，开始了他的大学生活。

大学毕业，秦效侃谋得重庆工业学院教席，原本可以安稳地展开他的文教生涯，岂料接二连三的政治运动，给秦效侃带去了巨大的冲击和伤害。有很长一段时间，他都过着"风吹雨打服枵然""床头夜漏雨潺潺"的艰苦生活。无论有多大的阻碍，时间的河流都会负载着历史的巨轮前行。"已视微生如粪土"的秦效侃，终于迎来"今朝何幸戴尧天"。粉碎"四人帮"后，全社会迎来一派新气象、新风貌，秦效侃枯涸的心田逐渐复苏，他真切地感受到了国家的勃勃生机和时代的迫切需求，他要把十几年里的"欠账"都补回去。

1978年，秦效侃恢复工作，当年即调入西南师范学院中文系，回到了他热爱的大学校园，开启了他真正意义上的"第二春"。自此，秦效侃全身心地投入教学和艺术创作中。教学中，无论是本科生、研究生，还是社会上的求教者，无论是中国古典文学，还是书法艺术，秦效侃皆以师者的风范"传道、授业、解惑"。课堂上的神采飞扬、漂亮板书，让学生感受到的是他的活力、渊博和美好。昔日的苦难，已被埋进心底，或者随风而逝，他要给予社会和学子的是知识和美。

艺术创作的激情燃烧得更加炽烈。所谓愤怒出诗人，实则喜悦亦出诗人。秦效侃的诗歌创作，熔言志、抒情、叙事于一炉，内容形式恰切而自然，全不见今人写旧诗的隔碍。他辑多年旧作新吟为集，以《未花集》为名推出，广受好评。

秦孝侃的书法，初从《史晨碑》《礼器碑》《乙瑛碑》《曹全碑》等隶书碑刻入，尤于《曹全碑》用功甚勤；楷书从虞世南、褚遂良等疏秀润丽一路下笔，奠定其书法格调；篆书从邓石如入门，叩问李阳冰，上溯两周金文；行草涉猎二王一路帖学，加以计白当黑之妙。其作品大多以一"韵"字统摄：用笔上，强调中锋，但又不绝对舍弃侧锋。结体上，多取纵势，行书常于整体收放中荡出随意的线条，大有《瘗鹤铭》和黄山谷书法中宫收紧的特点。章法上，取疏朗布局，行间距明显，大有董其昌疏淡格局。

从书体上看，其隶书用笔沉稳，结体优美，于厚实中寓一"韵"字；行草则于飘逸灵动之中自具韵味；篆书内敛，须细品才知其味。其书作实际包容他的各种修养，所以即使圈外人士也会褒赞其"味道"。

他的书法作品见于黄陵碑林、翰苑碑林、笔架山摩崖、谭嗣同纪念馆、刘光第纪念馆、梁漱溟纪念馆、张仲景纪念馆、张自忠纪念馆、《中国当代名家书画篆刻》等处，其他公私藏家珍藏者不计其数。

创作之外，秦孝侃于书法教学用力亦多。自1987年西南师范大学招收硕士研究生以来，他一直担任书法理论课的教学，极大地推动了西南师范大学书法教学，为培养书法人才作出了贡献。其奖掖后学,鼓励学生,多见其诚。

在秦效侃的视野里,读书人的职业就是读书,读书已为其一生的习惯。读书写字、作诗填词已经与他的生活融为一体,真正是"一日不书便觉思涩",几乎无一日离书,无一日不书。或许,正是这一看起来再平常不过的习惯,让他的书法历久弥新,出于平凡而又超出一般。他常书自作诗词,读其诗、观其书、想其人,常觉诗、书、人三者同一,浑然无隔。

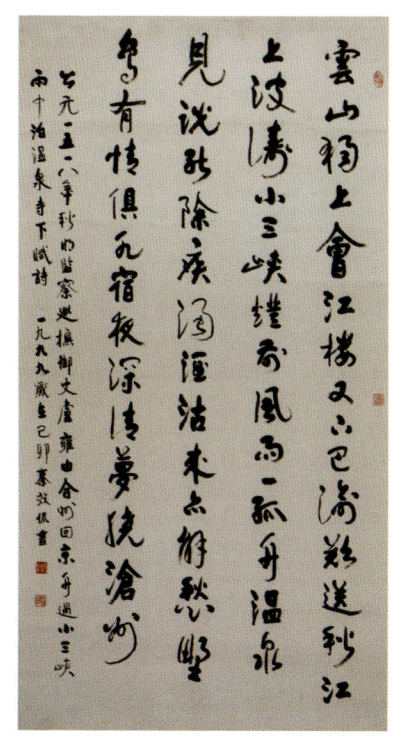

秦效侃书法作品

王康在《1980:来路与去向》一文中这样写道:"秦效侃先生幼承庭训,转益多师……数十年徜徉于中国文化精神世界。他的教学,可谓金声玉振,每堂课都是一次融会性灵、才情、学识和睿智的艺术创作。秦师几十年临池不辍,碑、篆及晋唐以降诸法帖,皆造诣精深,他那飘逸峻峭的板书,烟云回环,松壑壁立,每临课终,秦师返身去后,学子们都要驻足欣赏,流连低回,不忍遽拭。"[1]诚哉斯言,秦效侃集合性灵、才情、学识、睿智于一体的艺术和教学人生,时时处处充溢着活力和光泽,那是可以深入而持久地濡染和映照后学的。所谓金声玉振,所谓飘逸峻峭,远远不只是课堂内的回响和映现,而已经由内而外地飘散开来,成为学子们永久的回忆和感动。

---

[1] 夏中义,丁东.大学人文.第1辑[M].桂林:广西师范大学出版社,2004:168.

袁隆平

袁隆平（1930—2021），江西德安人，著名农业科学家，中国工程院院士，"共和国勋章"获得者，中国杂交水稻事业的开创者和领导者，享有"杂交水稻之父"的盛誉。

袁隆平1930年9月出生于北京协和医院。1939年春季，袁隆平一家六口辗转湖南等地，逃难到了重庆。

青年袁隆平在实验基地

来到重庆后，袁隆平先后就读于重庆龙门浩中心小学、重庆复兴初级中学、重庆赣江中学、重庆博学中学，后来又考入了位于北碚夏坝的相辉学院（西南大学前身之一）农学系。在重庆求学生活的这段岁月成了袁隆平生命中难以忘怀的重要人生旅途。

相辉学院创办于1946年，在20世纪50年代初全国高等院校院系调整时，相辉学院农艺系及其专修科与其他十所大学中的农业相关系科整合为一所新型的农业高等学府——西南农学院，袁隆平所属的农艺系也改名为农学系。在西南农学院，袁隆平遇到了对他一生影响颇大的老师管相桓。管老师时任西南农学院农学系教授兼系主任、遗传学教研组主任，讲授过"进化论""达尔文主义""遗传学""作物育种学"

等课程,他的"水稻的出路在于杂交"的思想对袁隆平后来的研究起了重要的启蒙作用。

1953年7月,袁隆平在北碚的四年大学生活结束,被分配到坐落于湘西深山的湖南安江农校工作。

1960年前后,国家遭遇了三年困难时期,让他深切体会到了什么叫作"民以食为天",他深深感受到了粮食的重要性:"没有粮食太可怕了!没有粮食,什么都谈不上,什么事情都干不成!粮食是生存的基本条件、战略物资。"[1]本来就有改造农村志向的袁隆平,这时就下定了决心,一定要解决粮食增产问题,不让老百姓挨饿!从1964的春天开始,袁隆平选择了水稻系统选育和人工杂交试验的科研课题,就此踏上了一条崎岖的科研探索之路。

命运之神从来不曾慷慨,研究的道路并非一帆风顺。袁隆平从1964年开始培育杂交水稻,一直没有大的突破。他意识到,这可能跟杂交水稻亲缘关系有关,要解决问题,需要拉开种质资源亲缘关系的距离。于是,他决定另辟蹊径,以野生稻为突破口。1970年,袁隆平带着助手到海南收集野生稻资源,结果发现了一株雄性不育的野生稻。经过反复试验后,终于在1973年培育出了我国第一批籼型杂交水稻。西方人把袁隆平的杂交水稻惊呼为"东方魔稻",众多国际同行把他尊称为"杂交水稻之父",把杂交水稻的推广普及称为世界"第二次绿色革命"[2]。

---

[1] 袁隆平.袁隆平口述自传[M].长沙:湖南教育出版社,2010:42.
[2] 中国教育报刊社.西南大学[M].重庆:重庆大学出版社,2007:84.

1997年，袁隆平又提出了旨在提高光合作用效率的超高产杂交水稻形态模式和选育技术路线，开始了"中国超级杂交水稻"的研究。2000年，超级杂交水稻品种达成第一阶段单次水稻产量标准，即每公顷产量超过了10.5吨；2014年10月10日，农业部组织中国水稻研究所、全国农业技术推广中心等单位的相关专家对溆浦县横板桥乡红星村示范片杂交水稻进行现场测产验收，确定其每亩产量为1026.7公斤，实现了超级杂交稻第4期攻关目标。超级杂交水稻的产量突飞猛进，造福了全世界数以亿计的人口。

袁隆平甘为人梯，他注重培养杂交水稻科研人才，将团结协作看作是打开成功之门的钥匙。他捐出奖金，设立了科研基金和农业科技奖励基金，他将实验材料"野败"毫无保留地分送给全国18个研究单位，加速了"三系"杂交稻研究的步伐。在他的培养和带领下，我国杂交水稻界精英辈出，研究成果层出不穷，多年来一直处于世界领先地位。

袁隆平毕业之后，一直关心和挂念着西南农学院（西南大学）的发展动向，在繁忙的工作之余，他曾多次抽出时间回到母校讲演、交流，并捐款在母校设置了"袁隆平奖学金"，以此鼓励后辈学子不断进取。2016年4月17日，袁隆平特意赶回西南大学参加了母校的110周年校庆，其间他向全校师生作了学术报告，捐款20万元作为给母校110周年的生日礼物。此次返校，袁隆平受到了西南大学学子的热烈欢迎，成为同学们一路追随的"明星"。2019年9月，西南大学农学与生物科技学院（前身为袁隆平就读的西南农学院农艺系)的学生们通过新闻得知,老学长袁隆平年近90岁仍奋战在科研第一线,备受触动,给袁隆平写了一封信,表达对老学长的敬佩与祝福之情,同时在信中讲述自己学习中的困惑。令大家喜出望外的是,4天后(9月26日),袁隆平在工作间隙,录制了一段视频作为回信。袁隆平在视频中说:"有人问我,你成功的秘诀是什么?我想,我没有什么秘诀,我有八个字——知识、汗水、灵感、机遇。"我的体会是袁隆平的回信激发了大家为农业奋斗的不懈斗志,是真正意义上的榜样引领成长。可以说,袁隆平虽然早已从北碚的西南大学毕业,但他的心仍时刻牵挂着北碚,牵挂着西南大学。

半个多世纪以来,袁隆平在田野里种出越来越高产的稻谷,并因此先后获得国内外各种荣誉。2019年9月,袁隆平被授予了中华人民共和国最高荣誉勋章——共和国勋章。

2021年5月22日,袁隆平因病去世。如今西南大学的第三十二教学楼旁边矗立着一尊袁隆平的塑像,他怀抱稻穗、面容慈祥、目光坚定,丰收的喜悦漾在嘴角眉梢,对梦想的坚执感动激励着每一个学子的心灵!

西南大学校园内的袁隆平雕像

徐无闻

徐无闻（1931—1993），原名永年，字嘉龄，四川成都人。30岁以后，因耳疾，听力严重障碍，故更字为"无闻"。徐无闻是当代著名学者、书法家、篆刻家，生前任西南师范大学教授。在文字学、金石学、碑帖考证、书法、篆刻、诗词、绘画、教育、收藏等领域，徐无闻都堪称行家里手，是学者型书法家的典型代表。

1931年，徐无闻出生于成都的一个书香世家。他的父亲徐寿，号益生公，精书画，好交游，喜收藏，对年少的徐无闻影响甚大。他7岁时便在父亲的指导下开始写字，从欧体入手，在运笔、间架等方面打下了深厚的基础。12岁，又由其父亲授篆书，大篆以《石鼓文》为主，小篆以《峄山碑》为主，同时开始治印。15岁拜金石学大家易均室为师，易氏藏印、藏书、藏金石较徐府更为丰富，对其迅速成长起了决定性的作用。

徐无闻是一个"艺多不压身"的"通才"。在大学里，他的"本业"是中文系教授和古文字专家，除此之外，他还担任了《汉语大字典》编委，参与《汉语古文字字形表》《秦汉魏晋篆隶字形表》编写工作,主编《甲金篆隶大字典》《东坡选集》,编有《殷墟甲骨书法选》等。于1984年开始招收唐宋文学专业的硕士研究生。而在书法、篆刻方面,他又是具有国内一流水平的大家,所以从1987年开始,西南师范大学又增加了由徐无闻担纲导师的书法篆刻硕士点。

徐无闻是一位全能型书法大家,篆、隶、楷、行、草均擅长,最具代表性的是各种篆书,尤其是对中山王器书风的研究,为中国当代书法作出了重大贡献。20世纪70年代中期,河北平山发掘出战国时期的中山国遗址,出土了大量刻有古文字的青铜器,其中,中山王三器(中山王鼎、中山王圆壶和中山王方壶)上所刻文字典雅飘逸,字形修长优美,体势多姿生动,结构上紧下松,并略带装饰意味。这一发现,对当时的文字学、历史学、考古学等产生了很大影响。徐无闻从书法艺术

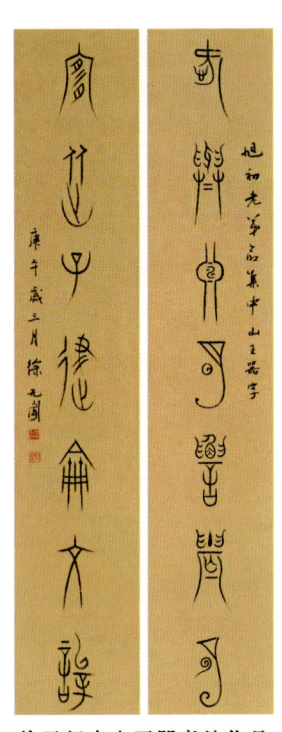

徐无闻中山王器书法作品

角度对中山王器进行了深入研究,细心临摹学习,并结合自己的理解,再现了中山王器书风的新面貌,成为"以中山王器文字入书的第一人"[1]。徐无闻创作的中山王器书法,以

---

[1] 林乾良.西泠群星[M].杭州:西泠印社出版社,2000:275.

灵动、秀美、婉约、古雅的格调独步书坛,给当时沉寂的篆格带来了一股清风,也成为书法创新的一条路径。

徐无闻认为,艺术的最终境界关键看书家人格修炼的高度,能超越技巧、法则,上升到"道"的层面,这样的作品才真正具备艺术高度。徐无闻的作品,无论诗文、书法、篆刻、绘画,都洋溢着古雅、秀润之气,透露出一股高洁美善的人格精魂。他讲过,书画家离功利远一点,作品就"雅"一点。在做学问的同时,徐无闻经常画画,尤其喜爱画竹。他吸收了宋代文同的笔法和境界,运笔劲挺,不逐尘俗,所画之竹能"潇洒出风尘",一如其人格,清高、淡泊、脱俗。①

徐无闻行书作品

除了书画艺术之外,徐无闻在当代中国高等书法教育上的功绩,也不可忽视。由他担纲的"西师书派",在国内高等院校中极具声望。原西南师范大学书法教育有其自身的优势和特点,导师大多为学者型书法家,所以,在培养人才过

---

① 方向前.学者型艺术家:徐无闻[N].宁波日报,2018-08-07(B3).

程中,注重学生全面素养的提升,书法教学除了各种技法及相关书史书论外,特别注重对文字学、金石学、古典诗词乃至中外哲学、美学的兼收并蓄,以此塑造学生的素质和人格。

启功在给《徐无闻论文集》所作的序中这样评价徐无闻:"教授于西南师范大学,著述甚富。于古文字之考辨,造诣尤邃。暇则挥毫作书,古、篆、楷、行,罔不精工。其篆法深稳,独得渊穆之度。"[1]总之,徐无闻作为现代学者型书家,在文字学、金石学、碑帖考证、诗词、书法、绘画、篆刻、教育乃至收藏等领域均有很高造诣,全面而扎实的"字外功夫",奠定了他在书画篆刻艺术上的地位。

---

[1] 徐无闻.徐无闻论文集[M].北京:文物出版社,2003:序1.

傅天琳

傅天琳(1946—2021)，四川省资中县人。当代著名女诗人，曾任中国诗歌学会副会长，第五届鲁迅文学奖诗歌奖获得者，系重庆首位获得此项文学大奖的作家。

1961年，傅天琳毕业于重庆电力技术学校，被分配到缙云山农场劳动。在工作之余，她开始尝试写诗，在秀丽的缙云山下获得了最初的诗歌启蒙，从此开始了她长达五十多年的诗歌之旅。傅天琳后来深情诉说道："从15岁到36岁，那是人生最美好的年龄，只有北碚相信我曾经年轻过。在物质和精神同样贫瘠的年代，是北碚，用她仅有的不多的粮食和最干净的雨水喂养了我。"[1]

在北碚果园劳动的经历为傅天琳带去了诗歌创作的灵感，她将对果园的真挚情感化作诗意的语言，于1981年出版了第一本诗集《绿色的音符》。自此以后，果园生活奠定了傅天琳的诗人之路。缙云山的果园不仅带给了傅天琳诗歌创作的灵感，而且长久地影响、滋养着傅天琳的诗思，成为

---

[1] 傅天琳.北碚的诗歌女儿[N].北碚报，2016-10-18(A4).

她"诗魂萦绕"之地,让她成为当之无愧的"果园诗人"。

1968年,傅天琳结婚了,1969年和1971年女儿罗夏和儿子罗炜相继出生。这一阶段,傅天琳的生活是艰苦的,成为母亲的傅天琳在儿女的陪伴下体会到了做母亲的幸福与快乐。她以此阶段的母爱生活为题材,先后于1983年与1985年,出版了关于儿童与母爱的诗集《在孩子和世界之间》与《音乐岛》。对于母爱,傅天琳毫不吝惜自己的感情与笔墨,用诗人的眼睛关注着来自生活中最纯粹、最真挚的感情,并不断内化为自己诗歌创作的情感内涵。傅天琳此时期的诗句,正是对博大的、无私的母爱的最好的表达。

1979年,傅天琳作为《诗刊》组织的诗人访问团一员,第一次成为大海的访客,见到了大海。当时的团长是艾青。此次访问对于傅天琳而言,是她人生的一次重大事件,因为此行她不仅结识了如韦丘、孙静轩等诗坛前辈,而且,"到大海去"更成为傅天琳创作道路上的"一个关键,也是一次转折"[①]。这次转折,让傅天琳的诗歌视野从此变得广阔无垠,慢慢地走过了果园的青涩,走向了人生的成熟:"桔子的梦醒了,桔子的眼宽了,/原来有这么大的家,这么多

1979年傅天琳在果园

---

① 吕进.傅天琳:从果园到大海[J].当代文坛,1985(8):13.

的姐妹！"①傅天琳在此后的创作即恪守了自己诗歌创作来自生活、源自心灵的诗学理想，并且保持自己的一贯风格，力求创新。题材也从果园走向了生活，走向了时代。从20世纪80年代开始，傅天琳更是从"走向大海"逐渐"走向了世界"，她游走祖国各地，访问了11个国家，实现了自我世界的扩展，视野的开阔。随着生活体验的丰富，傅天琳的诗歌在内容情感的表达上更加充实，在技巧和表现手法的运用上也更加娴熟。

傅天琳的诗人之路与生活道路完美契合，一种生活经历便是一个阶段的创作主题，从青春年代的果园到青年时代的母亲，从中年时代的游子到花甲之年的外婆，这既是年轮的延伸，也是创作历程的延续。这使得人们得以清楚地看到傅天琳诗人之路的特征：一阶段、一生活、一创作、一主题。诗歌的生命来自诗人的生命，诗歌的情感来自诗人的情感。对于傅天琳而言，她的诗作充满了美好、自然、朴实与善良。虽然每一创作阶段的主题不同，但是从果园到母爱再到游历生活，傅天琳的诗作中始终充满着一种迷人的情愫，这种情愫就是在果园的体验中萌发的柠檬情怀。正如傅天琳所说："漫山桃红李白，而我一往情深地偏爱柠檬。它永远痛苦的内心是我生命的本质，却在秋日反射出橙色的甜蜜回光。那宁静的充满祈愿的姿态，是我的诗。"②柠檬情怀就是一种苦难的情怀。在傅天琳的情感之中，苦难伴随了她的创作之

---

① 傅天琳.绿色的音符[M].成都：四川人民出版社，1981：109.
② 傅天琳.想起了什么[J].人民文学，2000(1)：94.

路,但她从未向苦难低头,而是在反思中坚守着生命与人性的美好。这样的姿态不仅是她作诗的基准,也是她做人的要求。

2009年,傅天琳的《柠檬叶子》出版,她因此获得鲁迅文学奖,这标志着重庆文学在这一奖项上实现了"零"的突破。评委会给傅天琳的颁奖词中写道:"她眼光向下,感觉向内,精神向上,亲切真实中达到一种超越境界。"这部诗集深刻展现和诠释了柠檬情怀的独特情感内涵。诗中称赞柠檬是果树林中最具有韧性的树种,它绝不向一切苦难低头,苦难与静好是柠檬的果实,这样的果实让诗人"历经万紫千红的旅行/就要静静地到达"[①]。果园劳作之时就孕育着的苦难情愫,至此已转化成了诗人生命之旅的馈赠,傅天琳诗歌的情感内涵也在此过程中得到升华。

从果园劳动的诗意诉说到母爱亲情的深情歌咏,从游历生活的浅唱低吟到柠檬情怀的情感体验,这些来自生活的点滴不仅构成了傅天琳的诗歌世界,也构成了傅天琳的诗人之路。

傅天琳共出版诗集、散文集十余部。纵观傅天琳的诗歌创作,可以发现,傅天琳的诗歌创作与其生活非常贴近,果园劳动、母爱亲情、游历生活、柠檬情怀不仅是她的生活经历,也是其诗歌世界反复呈现的创作题材。"单纯而丰富,清新而深刻,严谨而随意"[②]的创作风格,毫不矫情的写作姿

---

① 傅天琳.柠檬叶子[M].上海:上海文艺出版社,2009:26.
② 傅天琳.结束与诞生[M].沈阳:春风文艺出版社,1997:卷首语2.

态,使她的诗歌充满了天然的诗意。

傅天琳称自己为"北碚的女儿"。她晚年常往来于北碚,写下了《我的北碚》《黛湖》等大量关于北碚的诗歌,一字一句都充满对北碚的深情。2021年中国新诗创研中心落户北碚,傅天琳诗屋入驻北温泉公园兰草园,这位从北碚走出去的"果园诗人"又回来了!

后记

《名人北碚》的编写工作,终于尘埃落定。回望四年来的资料收集、名人筛选和几易其稿,有种如释重担的感觉——我们此刻的心情是欢愉的。我们在欣喜之余也着实忐忑不已,在忐忑的同时又心怀感激和期许。

欣喜的是,通过对大批名人的回望,一缕缕精神力量不断在我们笔端聚集,由此,我们得以记录下那些弥足珍贵的北碚历史文化片段,进而为未来北碚的前行发展提供借鉴和启示。

从古至今的北碚名人,远非"三千名流汇北碚"的"三千"之数,面对如此庞大的名人群体,我们只能进行一系列的取舍,取舍的标准主要有三条:一是本书所选名人主要为在全国乃至全世界知名的人物,以及在北碚历史上作出了杰出贡献和产生过重大影响的人物;二是所选名人与北碚的相关性包括两种情形,即籍贯属北碚,或在北碚求学、工作、寓居较长时间;三是在同一个领域内,称得上名人且与北碚密切相关的往往不止一位,这时我们便采取重点介绍代表性名人,对余者加以简要提及的策略。

从接到《名人北碚》的编写工作后,我们便以严肃、认真、敬畏之心,去面对和书写每一位名人。虽然我们严格按照上述标准对名人进行取舍划分,但在编写过程中,由于对名人的判断无法量化,其"名"有大有小,有行业的区别和时代的变化,因此名人的挑选及名人介绍的详略问题,依然是我们在编撰本书时最感犯难之处,以至于书稿最终呈现出来的样态未能尽显北碚名人活泼而丰富的图景。对此,我们着实忐忑不已,只能诚挚地尊请入选和未能入选的名人及家属谅解,也恳请专家、读者批评指正。

本书的撰写,由李永东教授、高强博士、张惠娟博士、张伟博士合作完成,李永东教授负责统筹协调工作和书稿的修订。

在《名人北碚》的编撰过程中,我们有幸得到了相关部门及诸多专家的指导,对此我们满怀感激,对于这些帮助,我们在此特致真诚的谢意!

通过编写《名人北碚》一书,我们得以近距离地感受了众多北碚名人的人格风采,经由此,我们自己首先便深受感染,因此,编写《名人北碚》实乃我们的幸事,我们真诚地希望通过文字的叙述,能将北碚名人带给我们的触动,传递给"无穷的远方,无数的人们"。